일一寫 천千리里

상공회의소

한자

시험

7급 기본서

일—사寫
천千리里

상공회의소
한자
시험
7급 기본서

1판 1쇄 발행 | 2020년 02월 14일

펴낸이 | 이석형
펴낸곳 | 새희망
편집디자인 | 디자인감7
내용문의 | stonebrother@daum.net
등록 | 등록번호 제 2016-000004
주소 | 경기도 의정부시 송현로 82번길 49
전화 | 02-923-6718
팩스 | 02-923-6719

ISBN | 979-11-88069-13-2 13710

가격 | 8,500원

우리말의 70%가 한자어로 되어 있다는 말을 많이 들어봤을 것입니다. 그래서 한자에 대한 기본적인 지식이 없을 경우, 우리말의 적절한 사용에 어려움을 느끼게 됩니다. 특히 공식 용어나 전문 용어의 경우, 대부분이 한자어로 되어 있어, 한자에 대한 지식이 부족한 분은 관공서나 직장의 업무 수행에 많은 불편함을 느끼고 있습니다. 그런 이유로 요즘 여러 기업체에서는 신입 사원에 대한 한자 실력을 중요한 판단 기준으로 생각할 뿐만 아니라, 직원들에 대한 한자 사용 능력을 향상시키기 위한 많은 노력을 기울이고 있습니다.

상공회의소는 이러한 배경에서 만들어진 상공회의소 한자 시험의 취지를 중국, 대만, 일본 등 한자 문화권 국가와의 수출 및 투자가 증가함에 따라 이에 필요한 기업 업무 및 일상 생활에 사용 가능한 한자의 이해 및 구사 능력을 평가하는 시험이라고 밝히고 있습니다.

이 책은 상공회의소 한자시험 7급에 대비하기 위하여 7급 배정한자 300자를 쓰면서 외울 수 있도록 구성하였으며, 각 한자에 대한 훈·음, 부수, 획수, 필순을 명기하고, 한자의 이해를 돕는 뜻풀이를 정리해 두었습니다. 그리고 해당 한자를 사용한 한자어를 채우며 완성할 수 있도록 하였으며, 40자마다 연습문제를 삽입하여 앞에서 배운 것을 복습할 수 있도록 하였습니다. 앞에는 기초 이론 학습과 뒤에는 모의고사문제를 실어 이 책 한권으로도 7급 시험에 완벽하게 대비할 수 있도록 하였습니다.

독자 여러분이 이 책으로 좋은 결과를 얻으시길 기원합니다. 화이팅!

편저자 씀

자격 종목 안내

1 시행 기관 : 대한상공회의소(www.korcham.net)
2. 응시 자격 : 제한 없음

대한상공회의소 자격평가사업단(http://license.korcham.net): 종목소개⇨외국어/한자⇨상공회의소 한자

검정기준

구분	검정기준
6급	고려대학교 한자한문연구소가 선정한 초등학교 교육용 기초한자 600자 중에서 초등학교 5~6학년용 기초한자 450자를 이해하고 국어 생활에서 활용할 수 있다.
7급	고려대학교 한자한문연구소가 선정한 초등학교 교육용 기초한자 600자 중에서 초등학교 3~4학년용 기초한자 300자를 이해하고 국어 생활에서 활용할 수 있다.
8급	고려대학교 한자한문연구소가 선정한 초등학교 교육용 기초한자 600자 중에서 초등학교 2학년용 기초한자 150자를 이해하고 국어 생활에서 활용할 수 있다.
9급	고려대학교 한자한문연구소가 선정한 초등학교 교육용 기초한자 600자 중에서 초등학교 1학년용 기초한자 50자를 이해하고 국어 생활에서 활용할 수 있다.

구분	9급(50자)	8급(100자)	7급(150자)	6급(150자)	5급(150자)
가~길	車高工果交口 (6자)	家角建見季古故曲科光九軍今金己 (15자)	加間江去決京慶景競經界計告考公共過校求究國君基技氣記 (26자)	價可感開客結敬固功空課官觀廣教郡近期吉 (19자)	歌街各干强個改擧犬谷骨久句救弓權貴勤根禁其起 (22자)
나~능	女 (1자)	南男内年能 (5자)	農 (1자)	念 (1자)	難勞 (2자)
다~등	大 (1자)	單同東 (3자)	多答圖島度都冬童等 (10자)	達談對德到動洞登 (8자)	丹短堂代刀獨讀斗豆頭得 (11자)
락~립	力老立 (3자)	樂來令利 (4자)	例料里林 (4자)	落旅禮路論流律理 (8자)	卵冷良量歷連列留陸 (9자)
마~밀	馬萬面母木目文門 (8자)	名毛無民 (4자)	每命明武聞物美 (7자)	末亡問未 (4자)	滿望賣勉務舞味米密 (9자)
바~빙	夫父 (2자)	方白百法兵本不北分 (9자)	半反放番病保步服奉比非 (11자)	發別報福婦富復備 (8자)	訪防拜變飛氷 (6자)
사~십	山夕石手水身心 (7자)	事史四士三上商色生書西成世小少市示食臣失十 (21자)	師死序先線城性所消素俗習始時詩信神室實 (19자)	仕思産算想相賞席船選鮮設說雪姓星省誠歲洗孫受守收數首順是式植 (30자)	使寺射殺尙仙善聲勢速送授勝施視識新氏 (18자)
아~일	兒羊魚玉王牛雨月衣人日 (11자)	言業五午外容用元原位有由六肉音邑二因一入 (20자)	安案野約藥兩洋養熱要友雲育銀意醫耳 (17자)	陽語永英完右運園油恩應義議移益引 (16자)	愛夜弱若漁易逆然研榮藝烏屋溫往浴勇宇雄遠願爲遺飮以仁 (26자)
자~집	子自長田足主 (6자)	者全弟中眞 (5자)	字作材財爭典前展戰電定庭情政正帝朝祖鳥族種住注竹地指止紙直質集 (31자)	場再在才的傳節絶接精題調宗左重志知至進 (19자)	將章貯店第製兆助早造存卒罪宙晝走衆增支 (19자)
차~칠	天川 (2자)	次千初則七 (5자)	靑草村秋出充齒 (7자)	察參册淸體寸祝忠蟲取治致親 (13자)	着唱窓責處最追春 (8자)
쾌					快 (1자)
타~특	土 (1자)	太 (1자)		宅統通特 (4자)	打退 (2자)
파~필		八表風 (3자)	便平品必 (4자)	波片豐筆 (4자)	判敗貝皮 (4자)
하~희	行火 (2자)	下合幸兄回 (5자)	夏學海香血形化和花話畫活後 (13자)	漢韓解向鄕現惠號黃會孝效訓休興希 (16자)	河限害革協好湖虎婚貨患皇凶 (13자)

시험의 검정 기준

급수	시험시간	시험과목	문항수	과목별 총점	과목별합격점수	전체총점	합격 점수
1급 배정한자 1,607 누적한자 4,908	80분	한자 어휘 독해	50 50 50	200 300 400	120 180 240	900	810
2급 배정한자 1,501 누적한자 3,301	80분	한자 이휘 독해	50 40 40	200 240 320	120 144 192	760	608
3급	60분	한자 어휘 독해	40 40 40	160 240 320	96 144 192	720	576
4급	60분	한자 어휘 독해	40 35 35	160 210 280	없음	650	455
5급	60분	한자 어휘 독해	40 30 30	160 180 240	없음	580	406
6급	40분	한자 어휘 독해	45 30 15	180 180 120	없음	480	288
7급	40분	한자 어휘 독해	40 20 10	160 120 80	없음	360	216
8급	30분	한자 어휘 독해	30 15 5	120 90 40	없음	250	150
9급	30분	한자 어휘	20 10	80 60	없음	140	84

* 합격점수 : 1급(만점의 90%), 2~3급(80%), 4~5급(70%), 6~9급(60%)

* 과목별 1문항당 배점 : 한자(4점), 어휘(6점), 독해(8점)

* 전 급수 객관식 5지선다형임.

인터넷 접수절차

- 원서접수를 위해서는 자격평가사업단 홈페이지 회원가입 후 본인인증이 되어 있어야 합니다.
- 정기검정 원서접수 기간 마지막일은 18:00에 마감되며, 상시검정은 선착순마감 또는 시험일기준 최소 4일전까지 접수를 해야합니다.
- 원서접수는 인터넷접수를 원칙으로 하며, 인터넷접수 시 상공회의소를 방문하지 않아 시간과 비용을 절감할 수 있습니다. 다만 인터넷접수 시 검정수수료 외 인터넷접수 수수료 1,200원이 별도 부과됩니다.
- 또한 해당 원서접수기간 중에 시행 상공회의소 근무시간에 방문하여 접수도 가능합니다.
- 상공회의소 방문접수 시 접수절차는 인터넷접수절차와 동일하며, 방문접수 시 인터넷결제 수수료는 부담되지 않습니다.

| 1 STEP | 종목 및 등급선택 |

| 2 STEP | 로그인 |

| 3 STEP | 사진올리기 |

| 4 STEP | 원하는 지역(상의) 선택 |

| 5 STEP | 원하는 시험장 선택 |

| 6 STEP | 원하는 시험일시 및 시험시간 선택 |

| 7 STEP | 선택내역 확인 |

| 8 STEP | 전자결재 |

| 9 STEP | 접수완료 및 수험표 출력 |

목차

기초 이론 학습

한자를 익히기에 앞서 한자를 이루는 구성 요소와

한자가 예로부터 어떻게 생겨났는지,

한자를 쓰는 요령 등을 공부한다.

부수란 무엇인가?

부수란 자전에서 한자를 찾는데 필요한 기본 글자이자, 한자 구성의 기본 글자로서 214자로 되어 있다. 부수는 한자를 문자 구조에 따라 분류·배열할 때 그 공통 부분을 대표하는 근간이 되는 글자의 구실을 한다. 부수자들은 각각 의미 기능을 가지고 있다. 그러므로 부수자를 알면 모르는 한자의 뜻을 쉽게 추측할 수 있다. 부수가 한자를 구성하는 위치에 따라 분류해 보면 다음과 같다.

변 왼쪽 부분을 차지하는 부수

人 亻 인변　　價 個 代 使

水 氵 삼수변　　減 江 決 流

手 扌 재방변　　技 指 打

방 오른쪽 부분을 차지하는 부수

刀 刂 칼도방　　到 列

머리 윗부분에 놓여 있는 부수

竹 대죽머리　　答 筆

艸 艹 초두머리　　苦 落

宀 갓머리　　家 官

발 아랫부분에 놓여 있는 부수

皿 그릇명발　　益

火 灬 불화발　　熱 然

엄호 위와 왼쪽을 싸는 부수

广 엄호　　廣

받침 왼쪽과 아래를 싸는 부수

廴 민책받침　　建

辶 책받침　　過 達

에운담 둘레를 감싸는 부수

囗 큰입구몸　　圖 四 固

제부수 한 글자가 그대로 부수인 것

角 車 見 高 工 口 金 己 女

大 力 老 里 立 馬 面 毛 木

目 文 門 米 方 白 父 非 飛

鼻 比 士 山 色 生 夕 石 小

水 首 手 示 食 臣 身 心 十

羊 魚 言 用 牛 雨 月 肉 音

邑 衣 二 耳 人 一 日 入 子

自 長 鳥 赤 田 足 走 竹 至

止 靑 寸 齒 土 八 風 行 香

血 火 黃 黑

5급 한자 부수별 정리 (반복된 한자는 제부수 한자임)

부수에 대한 문제는 5급까지만 해당된다. 그래서 전체 214개의 부수 중 5급 한자에 사용되는 152자만 다루었다.

부수	명칭	한자
一	한 일	一 不 上 七 下 世 三
丨	뚫을 곤	中
丶	점 주	主
乙	새 을	九
亅	갈고리 궐	事
二	두 이	二 五
亠	돼지해머리	京 交 亡
人	亻 사람 인	人 價 個 代 使 仕 今 令 仙 備 他 以 休 來 信 位 偉 作 低 住 例 保 俗 修 便 傳 億 仁
儿	어진사람 인	元 兄 光 充 先 兒
入	들 입	入 內 全 兩
八	여덟 팔	八 公 六 共 兵 典
冂	멀 경	再
冫	이수변	冬 冷
凵	위터진 입 구	出
刀	刂 칼 도	分 初 到 列 利 別 則 前
力	힘 력	力 加 功 助 勉 動 勇 務 勞 勤 勝 勢
匕	비수 비	北 化
十	열 십	十 南 協 午 卒 半 千
厂	민엄호	原
厶	마늘모	去 參
又	또 우	反 友 受 取

부수	명칭	한자
口	입 구	口 可 古 句 史 右 各 吉 同 名 合 向 告 君 命 和 品 問 商 唱 單 善 喜
囗	큰입구몸	圖 四 固 回 因 國 園
土	흙 토	土 基 堂 城 在 地 場 增 報
士	선비 사	士
夊	천천히 걸을 쇠	夏
夕	저녁 석	夕 多 外 夜
大	큰 대	大 奉 夫 天 太 失
女	계집 녀	女 婦 姓 始 如 好 婚
子	아들 자	子 季 孫 學 字 存 孝
宀	갓머리	家 官 客 守 安 宅 完 定 宗 室 容 宿 害 密 富 實 察 寒
寸	마디 촌	寸 寺 尊 對
小	작을 소	小 少
尸	주검 시	展 屋
山	메 산	山 島
巛	개미허리	川
工	장인 공	工 巨 左
己	몸 기	己
巾	수건 건	常 師 席 市 希
干	방패 간	年 平 幸
广	엄호	廣 序 度 庭

부수	명칭	예시 한자
廴	민책받침	建
弋	주살 익	式
弓	활 궁	强 弱 引 弟
彡	터럭 삼	形
彳	두인변	德 得 往 律 後 復
心	忄 마음 심	心 急 念 怒 感 必 志 忠 思 恩 患 悲 惡 惠 想 愛 意 慶 應 快 性 情
戈	창 과	成 戰
戶	지게 호	所
手	扌 손 수	手 擧 才 拜 技 指 授 接 打
攴	攵 등글월문	敬 收 數 改 放 故 敎 政 效 救 敗 敵
文	글월 문	文
斗	말 두	料
斤	도끼 근	新
方	모 방	方 族
日	날 일	日 景 早 明 星 是 昨 時 春 晝 暗
曰	가로 왈	曲 書 最 會
月	달 월	月 期 朝 服 望 有
木	나무 목	木 果 林 東 材 村 校 橋 根 極 案 業 植 榮 樂 樹 末 本
欠	하품 흠	歌 次
止	그칠 지	止 正 步 武 歲 歷
歹	죽을사변	死
殳	갖은등글월문	殺
毋	말 무	母 每
比	견줄 비	比
毛	터럭 모	毛
氏	각시 씨	民
气	기운 기	氣
水	氵 물 수	水 永 求 減 江 決 流 深 洞 治 溫 浴 油 注 漁 洋 法 氷 波 淸 漢 湖 海 活 洗 消 滿 河
火	灬 불 화	火 熱 然 無
爪	손톱 조	爭
父	아비 부	父
牛	소 우	牛 物 特
犬	犭 개 견	獨
玉	王 구슬 옥	玉 王 理 現
生	날 생	生 産
用	쓸 용	用
田	밭 전	田 界 男 由 留 番 畵
疒	병질 엄	病
癶	필발머리	登 發
白	흰 백	白 百 的
皿	그릇 명	益
目	눈 목	目 相 眼 省 着 直 眞
矢	화살 시	短 知
石	돌 석	石 硏
示	보일 시	示 禁 福 神 祖 祝 禮
禾	벼 화	科 私 秋 移 稅 種

穴 ▶	구멍 혈	空 窓 究
立 ▶	설립	立 競 童 章
竹 ▶	대 죽	竹 答 笑 筆 第 節 等 算
米 ▶	쌀 미	米 精
糸 ▶	실 사	結 約 給 素 紙 絕 終 經 統 綠 線
网 ▶	罒 그물 망	罪
羊 ▶	양 양	羊 美 義
羽 ▶	깃 우	習
老 ▶	耂 늙을 로	老 考 者
耳 ▶	귀 이	耳 聞 聖 聲
肉 ▶	月 고기 육	肉 能 育
臣 ▶	신하 신	臣
自 ▶	스스로 자	自
至 ▶	이를 지	至 致
臼 ▶	절구 구	興
舟 ▶	배 주	船
艮 ▶	그칠 간	良
色 ▶	빛 색	色
艸 ▶	艹 풀 초	苦 落 英 葉 藝 藥 花 草 萬
虍 ▶	범 호	號
血 ▶	피 혈	血 衆
行 ▶	다닐 행	行 街
衣 ▶	옷 의	衣 表 製
襾 ▶	덮을 아	要 西
見 ▶	볼 견	見 觀 視 親

角 ▶	뿔 각	角 解
言 ▶	말씀 언	言 計 記 訓 訪 設 說 詩 試 話 誠 語 調 認 議 識 課 論 請 讀 變 談
豆 ▶	콩 두	豊
貝 ▶	조개 패	貴 賣 買 財 貯 貨 貧 責 賞 質 賢
赤 ▶	붉을 적	赤
走 ▶	달아날 주	走 起
足 ▶	발 족	足 路
身 ▶	몸 신	身
車 ▶	수레 거·차	車 輕 軍
辰 ▶	별 진	農
辵 ▶	辶 책받침	過 達 送 運 遠 逆 造 通 退 選 速 進 道 近
邑 ▶	阝 고을 읍	邑 郡 都 部 鄕
酉 ▶	닭 유	醫
里 ▶	마을 리	里 野 量 重
金 ▶	쇠 금	金 銀
長 ▶	긴 장	長
門 ▶	문 문	門 間 開
阜 ▶	阝 언덕 부	陸 陰 限 防 陽
隹 ▶	새 추	難 雄 集
雨 ▶	비 우	雨 雪 電 雲
靑 ▶	푸를 청	靑
非 ▶	아닐 비	非
面 ▶	낯 면	面
韋 ▶	다룸 가죽 위	韓

音 ▶	소리 음	音	
頁 ▶	머리 혈	頭 順 願 題	
風 ▶	바람 풍	風	
飛 ▶	날 비	飛	
食 ▶	밥 식	食 養 飮	
首 ▶	머리 수	首	
香 ▶	향기 향	香	
馬 ▶	말 마	馬	

骨 ▶	뼈 골	體
高 ▶	높을 고	高
魚 ▶	고기 어	魚 鮮
鳥 ▶	새 조	鳥
黃 ▶	누를 황	黃
黑 ▶	검을 흑	黑
鼻 ▶	코 비	鼻
齒 ▶	이 치	齒

한자의 짜임

한자의 짜임이란 수만 자가 되는 한자를 그 성립된 구조 유형에 따라 여섯 가지로 분류한 육서를 말한다. 육서에는 상형 · 지사 · 회의 · 형성 · 전주 · 가차가 있다.

1. 상형

구체적인 사물의 모양을 본떠서 글자를 만드는 원리를 상형이라 한다.

木 ▶ 나무의 모양을 본뜸

山 ▶ 산의 모양을 본뜸

石 ▶ 언덕 밑에 돌이 굴러 떨어진 모양을 본뜸

人 ▶ 사람의 모습을 본뜸

入 ▶ 사람이 허리를 굽히고 동굴 안으로 들어가는 형태를 본뜸

子 ▶ 아이의 모습을 본뜸

鳥 ▶ 새의 모양을 본뜸

川 ▶ 시내의 모습을 본뜸

2. 지사

사물의 추상적인 개념을 본떠 만드는 원리를 지사라 한다.

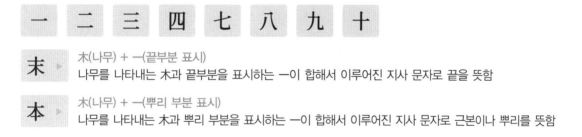

末 ▶ 木(나무) + 一(끝부분 표시)
나무를 나타내는 木과 끝부분을 표시하는 一이 합해서 이루어진 지사 문자로 끝을 뜻함

本 ▶ 木(나무) + 一(뿌리 부분 표시)
나무를 나타내는 木과 뿌리 부분을 표시하는 一이 합해서 이루어진 지사 문자로 근본이나 뿌리를 뜻함

3. 회의

이미 만들어진 두 개 이상의 글자에서 뜻을 모아 새로운 글자를 만드는 원리를 회의라 한다.

林 ▶ 木 + 木
木이 나란히 결합하여 나무가 많이 있는 숲의 뜻을 나타내는 회의 문자

孝 ▶ 老 + 子
老와 子가 결합하여 아들이 부모를 머리 위에 받들고 있는 모양의 회의 문자

4. 형성

이미 만들어진 글자를 결합하여 한쪽은 뜻을, 다른 한쪽은 음을 나타내는 글자를 만드는데, 이런 원리를 형성이라한다.

형성자는 한자의 70%를 차지하여 대개의 한자는 두 개 이상의 문자가 뜻 부분과 음 부분으로 구성되어 있다. 형성자는 뜻 부분에서 그 글자의 뜻을 생각할 수 있고, 음 부분에서 그 글자의 음을 추리할 수 있어 알고 있는 한자를바탕으로 새로운 한자의 뜻과 음을 쉽게 짐작할 수 있다.

景 ▶	日(뜻), 京(음)	界 ▶	田(뜻), 介(음)	功 ▶	力(뜻), 工(음)
空 ▶	穴(뜻), 工(음)	課 ▶	言(뜻), 果(음)	洞 ▶	水(뜻), 同(음)
頭 ▶	頁(뜻), 豆(음)	想 ▶	心(뜻), 相(음)	城 ▶	土(뜻), 成(음)

5. 전주

이미 만들어진 한자만으로는 문화 문명의 발달로 무수히 늘어나는 사물과 개념을 다 표기할 수 없게 되었다. 그러자 기존의 문자 중에서 유사한 뜻을 가진 한자를 다른 뜻으로 전용하게 되었는데, 이를 전주라고 한다.

道 ▶ 본래 '발로 걸어다니는 길'의 뜻인데, 의미가 확대되어 '道德, 道理'에서의 '道'와 같이 '정신적인 길'이라는 뜻으로도 쓰임

惡 ▶ 본래 '악하다'는 뜻으로 음이 '악'이었으나, 악한 것은 모두 미워하기 때문에 의미가 확대되어 '憎惡, 惡寒'에서와 같이 '미워하다'라는 뜻으로 쓰이며, '오'라는 음으로 불림

6. 가차

이미 만들어진 한자를 원래 뜻에 관계없이 음만 빌어다 쓰는 것으로 아래와 같이 외래어 표기에 많이 사용되며, 의성어나 의태어 표기에도 쓰인다.

France ▶	佛蘭西(불란서)	Asia ▶	亞細亞(아세아)
Buddha ▶	佛陀(불타)	England ▶	英國(영국)
Italy ▶	伊太利(이태리)	Paris ▶	巴利(파리)

한자어의 짜임

두 자 이상의 한자가 결합하여 한 단위의 의미체를 형성할 때는 반드시 기능상의 관계를 가지게 된다. 한자어의 짜임은 그러한 기능상의 관계를 설명한 것이다. 한자어의 짜임은 문법적 기능에 따라 다음과 같이 분류할 수 있다.

1. 주술 관계

주체가 되는 말(주어)과 서술하는 말(서술어)이 결합된 한자어로 서술어는 행위·동작·상태 등을 나타내고, 주어는 그 주체가 된다. 주어를 먼저 해석하고, 서술어를 나중에 해석하여 '~가(이) ~함'으로 풀이한다.

月出 ▶	월출 – 달이 뜸 出은 月의 동작을 서술	**夜深** ▶	야심 – 밤이 깊음 深은 夜의 상태를 서술
日出 ▶	일출 – 해가 뜸 出은 日의 동작을 서술	**年少** ▶	연소 – 나이가 젊음 少는 年의 상태를 서술
人造 ▶	인조 – 사람이 만듦 造는 人의 동작을 서술	**骨折** ▶	골절 – 뼈가 부러짐 折은 骨의 상태를 서술

2. 술목 관계

서술하는 말(서술어)과 서술의 목적·대상이 되는 말(목적어)이 결합된 한자어로, 서술어는 행위나 동작을 나타내고, 목적어는 대상이 된다. 목적어를 먼저 해석하고, 서술어를 나중에 해석하여 '~를(을) ~ 함'이라고 풀이한다.

卒業 ▶	졸업 – 학업을 마침 業은 卒의 목적·대상이 됨	**讀書** ▶	독서 – 글을 읽음 書는 讀의 목적·대상이 됨
作文 ▶	작문 – 글을 지음 文은 作의 목적·대상이 됨	**交友** ▶	교우 – 벗을 사귐 友는 交의 목적·대상이 됨
修身 ▶	수신 – 몸을 닦음 身은 修의 목적·대상이 됨	**敬老** ▶	경로 – 늙은이를 공경함 老는 敬의 목적·대상이 됨

3. 술보 관계

서술하는 말(서술어)과 이를 도와 부족한 뜻을 완전하게 해주는 말(보어)이 결합된 한자어로, 서술어는 행위나 동작을 나타내고, 보어는 서술어를 도와 부족한 뜻을 완전하게 해 준다. 보어를 먼저 해석하고 서술어를 나중에 해석하여 '~이(가) ~함', '~에 ~함'으로 풀이한다.

有名 ▶	유명 – 이름이 있음 名은 有의 뜻을 완전하게 해 줌	**無敵** ▶	무적 – 적이 없음 敵은 無의 뜻을 완전하게 해 줌
無罪 ▶	무죄 – 허물이 없음 罪는 無의 뜻을 완전하게 해 줌	**無法** ▶	무법 – 법이 없음 法은 無의 뜻을 완전하게 해 줌
有能 ▶	유능 – 능력이 있음 能은 有의 뜻을 완전하게 해 줌	**有限** ▶	유한 – 한계가 있음 限은 有의 뜻을 완전하게 해 줌

4. 수식 관계

꾸며주는 말(수식어)과 꾸밈을 받는 말(피수식어)이 결합된 한자어로, 앞에 있는 한자가 뒤에 있는 한자를 꾸미거나 한정하는 역할을 한다. 구성되는 한자의 성분에 따라 다음과 같이 나눌 수 있다.

1 관형어 + 체언

관형어가 체언을 수식하는 관계로 짜여진 한자어로, '~한 ~', '~하는 ~'로 해석한다.

靑山 ▶ 청산 – 푸른 산
靑은 山을 꾸미는 말

落葉 ▶ 낙엽 – 떨어지는 잎
落은 葉을 꾸미는 말

白雲 ▶ 백운 – 흰 구름
白은 雲을 꾸미는 말

幼兒 ▶ 유아 – 어린 아이
幼는 兒를 꾸미는 말

2 부사어 + 용언

부사어가 용언을 한정하는 관계로 짜여진 한자어로, '~ 하게 ~함'으로 해석한다.

必勝 ▶ 필승 – 반드시 이김
必은 勝을 꾸미는 말

急行 ▶ 급행 – 급히 감
急은 行을 꾸미는 말

過食 ▶ 과식 – 지나치게 먹음
過는 食을 꾸미는 말

徐行 ▶ 서행 – 천천히 감
徐는 行을 꾸미는 말

5. 병렬 관계

같은 성분의 한자끼리 나란히 병렬되어 짜여진 것으로 이것은 다시 '대립', '유사', '대등'으로 나눌 수 있다.

1 유사 관계

서로 비슷한 뜻을 가진 한자로 이루어진 한자어로, 두 글자의 종합된 뜻으로 풀이한다.

事業 ▶ 사업 – 일
事와 業의 뜻이 서로 같음

衣服 ▶ 의복 – 옷
衣와 服의 뜻이 서로 같음

樹木 ▶ 수목 – 나무
樹와 木의 뜻이 서로 같음

恩惠 ▶ 은혜 – 고마운 혜택
恩과 惠의 뜻이 서로 같음

溫暖 ▶ 온난 – 따뜻함
溫과 暖의 뜻이 서로 같음

海洋 ▶ 해양 – 큰 바다
海와 洋의 뜻이 서로 같음

2 대립 관계

서로 반대되는 의미를 가진 한자가 만나 이루어진 한자어로 '~와(과) ~', '~하고 ~함'으로 해석한다.

上下 ▶ 상하 – 위아래
上과 下의 뜻이 서로 반대

大小 ▶ 대소 – 크고 작음
大와 小의 뜻이 서로 반대

黑白 ▶ 흑백 – 검은 빛과 흰 빛
黑과 白의 뜻이 서로 반대

强弱 ▶ 강약 – 강함과 약함
强과 弱의 뜻이 서로 반대

貧富 ▶ 빈부 – 가난함과 넉넉함
貧과 富의 뜻이 서로 반대

內外 ▶ 내외 – 안과 밖
內와 外의 뜻이 서로 반대

3 대등 관계

서로 대등한 의미를 가진 한자가 만나 이루어진 한자어로 '~와 ~'로 해석한다.

花鳥 ▸ 화조 – 꽃과 새
花와 鳥의 뜻이 서로 대등

松竹 ▸ 송죽 – 소나무와 대나무
松과 竹의 뜻이 서로 대등

父母 ▸ 부모 – 아버지와 어머니
父와 母의 뜻이 서로 대등

子女 ▸ 자녀 – 아들과 딸
子와 女의 뜻이 서로 대등

兄弟 ▸ 형제 – 형과 동생
兄과 弟의 뜻이 서로 대등

正直 ▸ 정직 – 바르고 곧음
正과 直의 뜻이 서로 대등

필순의 기본 원칙이란 하나의 글자를 쓰고자 할 때 그 글자를 이루어가는 기본적인 순서를 말한다.

1. 왼쪽에서 오른쪽으로, 위에서 아래로 쓴다.

川	내 천	총3획
	川 川 川	

三	석 삼	총3획
	二 二 三	

2. 가로획과 세로획이 교차할 때에는 가로획을 먼저 쓴다.

十	열 십	총2획
	一 十	

土	흙 토	총3획
	二 十 土	

3. 삐침과 파임이 만날 때에는 삐침을 먼저 쓴다.

人	사람 인	총2획
	丿 人	

父	아비 부	총4획
	父 父 父 父	

4. 왼쪽과 오른쪽의 모양이 같을 때에는 가운데를 먼저 쓴다.

山	메 산	총3획
	山 山 山	

水	물 수	총4획
	水 水 水 水	

5. 안과 바깥쪽이 있을 때에는 바깥쪽을 먼저 쓴다.

日	날 일	총4획
	日 冂 日 日	

內	안 내	총4획
	內 冂 內 內	

6. 꿰뚫는 획은 나중에 쓴다.

中	가운데 중	총4획
	中 中 中 中	

車	수레 거·차	총7획
	車 車 市 市 車 車 車	

7. 오른쪽 위의 점은 나중에 찍는다.

代	대신 대	총5획
	代 代 代 代 代	

武	군인 무	총8획
	武 武 武 武 武 武 武	

8. 삐침이 짧고 가로획이 길면 삐침을 먼저 쓴다.

右	오른쪽 우	총5획
	右 右 右 右 右	

9. 삐침이 길고 가로획이 짧으면 가로획을 먼저 쓴다.

左	왼 좌	총5획
	左 左 左 左 左	

CHAPTER

02

7급 한자 300자

이 장은

7급 한자 300자로

구성되어 있다.

각 한자의 설명과

음훈, 부수, 획수, 필순을 확인해 가며

각각 10회씩 쓰고,

해당 단어를 완성해 보자.

001 8급 家 가	집 가 宀부 7획 총10획	□長 (가장) : 집안의 어른 (長 긴 장) □□戶戶 (가가호호) : 집 집 마다 (戶 집 호)

집 안(宀)에서 돼지(豕)를 기른다는 데서 사람이 사는 집을 나타냄

丶 丶 宀 宀 宀 宁 宇 家 家 家

家	家	家							

002 7급 加 가	더할 가 力부 3획 총5획	□減 (가감) : 더하기와 빼기 (減 덜 감) □重 (가중) : 더 무겁게 함 (重 무거울 중)

힘써(力) 일하는 수고에 말(口)까지 더해진다는 데 서 더함을 뜻함

フ カ 力 加 加

加	加	加							

003 8급 角 각	뿔 각 角부 0획 총7획	□度 (각도) : 각의 크기 (度 법도 도) 三□形 (삼각형) : 세 직선과 세각을 이룬 도형 (三 석 삼)(形 형상 형)

짐승 뿔의 모양을 형상화해서 만듦

丿 丿 ク ク 角 角 角

角	角	角							

004 7급 間 간	사이 간 門부 4획 총12획	空□ (공간) : 비어있어 아무것도 없는 곳 (空 빌 공) 中□ (중간) : 두 사물의 사이 (中 가운데 중)

대문(門)이나 방문 틈으로 햇빛(日)이나 달빛이 비 친다는 뜻에서 사이를 뜻함

丨 丨 尸 尸 尸 尸 門 門 門 門 間 間 間

間	間	間							

| 005 **7급** 강 | 江 | **강 강** ⟩=水부 3획 총6획 | ☐山 (강산) : 강과 산 (山 메 산) |
| 漢☐ (한강) : 태백산맥에서 시작하여 서울로 흐르는 강 (漢 한수 한) |

시냇물(⟩=水)이 흘러 서로 모이게 되어 만들어지는(工) 것이 강이라는 뜻임

丶 丶 ⟩ 氵 汀 江 江

江 江 江

| 006 **9급** 거 | 車 | **수레 거(차)** 車부 0획 총7획 | 人力☐ (인력거) : 사람이 끄는 수레 (人 사람 인) (力 힘 력) |
| ☐道 (차도) : 차가 다니는 길 (道 길 도) |

수레의 모양을 본떠 만듦

一 ㄏ 闩 亘 旦 車

車 車 車

| 007 **7급** 거 | 去 | **갈 거** 厶부 3획 총5획 | ☐來 (거래) : 돈이나 물건을 서로 주고 받음 (來 올 래) |
| 過☐ (과거) : 지나간 때 (過 지날 과) |

땅(土)의 우묵한 곳(厶)에서 뛰어나와 앞으로 나아간다라는 데서 가다 또는 떠나감을 뜻함

一 十 土 去 去

去 去 去

| 008 **8급** 건 | 建 | **세울 건** 廴부 6획 총9획 | ☐國 (건국) : 나라를 세움 (國 나라 국) |
| 再☐ (재건) : 다시 세움 (再 두 재) |

붓(聿)을 똑바로 세워서(廴) 글씨를 쓴다는 데서 건물이나 나라 등을 일으켜 세우다를 뜻함

フ ㄱ ㅋ ㅋ ㅌ 聿 律 建 建

建 建 建

009 8급 견	見 볼 견	見부 0획 총7획

눈을 크게 뜨고(目) 무릎을 굽혀 책상 다리(儿)하고 바라본다는 데서 보다를 뜻함

□學 (견학) : 실제로 눈으로 보고 배움 (學 배울 학)

意□ (의견) : 어떤 일에 대한 생각 (意 뜻 의)

丨 冂 冂 月 目 貝 見

見　見　見

010 7급 결	決 결단할 결	氵=水부 4획 총7획

물(氵=水)을 가두어 놓았다가 물꼬를 터트리는(夬) 시기를 정한다는 뜻에서 결정하다를 뜻함

□心 (결심) : 어떻게 하기로 마음을 작정함 (心 마음 심)

□定 (결정) : 어떻게 하겠다고 정함 (定 정할 정)

丶 冫 氵 沪 汀 決 決

決　決　決

011 7급 경	京 서울 경	亠부 6획 총8획

언덕 위에 집이 서 있는 것을 본떠 만듦

上□ (상경) : 시골에서 서울로 올라감 (上 윗 상)

歸□ (귀경) : 서울로 돌아옴 (歸 돌아갈 귀)

丶 亠 亠 亠 古 京 京 京

京　京　京

012 7급 경	慶 경사 경	心부 10획 총15획

정말로 좋은 일에는 사슴(鹿)처럼 큰 선물을 가지고 가서 축하한다(心)는 데서 경사 또는 축하함을 뜻함

□事 (경사) : 기쁘고 좋은 일 (事 일 사)

國□日 (국경일) : 국가적인 경사를 기념하는 날 (國 나라 국) (日 날 일)

丶 广 广 广 庐 庐 庐 庐 庐 麿 麿 慶 慶 慶

慶　慶　慶

013	景	볕 경
7급		日부 8획
경		총12획

해(日)가 높이 떠오르니 서울(京)의 궁궐 모습이 훤히 비친다는 뜻에서 햇볕 또는 경치를 뜻함

風☐ (풍경) : 경치 (風 바람 풍)

絶☐ (절경) : 더할 수 없이 훌륭한 경치 (絶 끊을 절)

` 冂 冂 曰 昙 昙 昮 昮 景 景 景 景 `

景 景 景

014	競	다툴 경
7급		立부 15획
경		총20획

서로 마주 보고 있는 두 사람(儿+儿)이 똑바로 서서 (立+立) 말(口)로 심하게 다툰다는 것을 뜻함

☐技 (경기) : 기술과 능력을 서로 겨룸 (技 재주 기)

☐馬 (경마) : 말의 달리는 능력을 겨룸 (馬 말 마)

` 丶 亠 立 立 立 竝 竞 竞 竞 竞 竞 竞 竞 競 競 競 `

競 競 競

015	經	지날 경/글 경
7급		糸부 7획
경		총13획

실(糸)이 모여서 하나(一)의 시냇물(巛=川) 모양처럼 만드는(工) 것은 시간이 지나고 여러 가지를 겪어야 한다는 데서 지나다 또는 겪다를 뜻함

☐過 (경과) : 시간이 지나감 (過 지날 과)

☐路 (경로) : 지나가는 길 (路 길 로)

` 乙 幺 幺 糸 糸 糸 紅 絅 絅 經 經 經 `

經 經 經

016	季	계절 계
8급		子부 5획
계		총8획

벼(禾)의 씨(子)를 뿌리기에 알맞은 철이라는 데서 계절을 뜻함

☐節 (계절) : 한 해를 날씨에 따라 나눈 한 철 (節 마디 절)

四☐ (사계) : 봄·여름·가을·겨울의 사계절 (四 넉 사)

` ノ 二 千 禾 禾 秊 季 季 `

季 季 季

017 7급 계 界 계	지경 계 田부 4획 총9획	世□ (세계) : 지구 위의 모든 지역 또는 나라 (世 인간 세)
		限□ (한계) : 정해놓은 범위 (限 한할 한)

밭(田)들의 사이를 정확히 구분지어(介) 놓다에서 경계를 뜻함

丨 冂 冂 甶 田 甲 界 界 界

界　界　界

018 7급 계 計 계	셀 계 言부 2획 총9획	合□ (합계) : 합하여 셈함 (合 합할 합)
		時□ (시계) : 시와 때를 계산해 줌, 또는 그 기계 (時 때 시)

10개씩의 묶음(十)을 말(言)로써 헤아려 세어본다는 데서 계산 또는 셈을 뜻함

丶 亠 亠 言 言 言 言 計 計

計　計　計

019 9급 고 高	높을 고 高부 0획 총10획	□山 (고산) : 높은 산 (山 메 산)
		□下 (고하) : 높고 낮음 (下 아래 하)

망루가 성문 위에 높이 솟아 있는 모양을 본떠 만듦

丶 亠 亠 亠 亠 高 高 高 高 高

高　高　高

020 8급 고 古	예 고 口부 2획 총5획	□代 (고대) : 옛 시대 (代 대신 대)
		□典 (고전) : 훌륭하고 모범적인 옛 문학이나 예술품 (典 법 전)

여러(十) 대에 걸쳐서 입(口)으로 전해온다는 데서 옛날 또는 낡음을 뜻함

一 十 古 古 古

古　古　古

021	故	연고 고
8급		攵=攴부 5획
고		총9획

옛날부터(古) 변함없이 줄곧 같은 일을 하는(攵=攴) 것은 그 까닭이 있다는 데서 연고를 뜻함

☐ 國 (고국) : 조상 때부터 살던 나라
(國 나라 국)

事 ☐ (사고) : 뜻밖에 일어난 사건
(事 일 사)

一 十 十 古 古 古 古 故 故

故 故 故

022	告	고할 고
7급		口부 4획
고		총7획

소(牛)를 제물로 바치며 신에게 소원을 말하여(口) 알린다는 뜻

☐ 別 (고별) : 이별을 알림 (別 다를 별)

忠 ☐ (충고) : 남의 잘못을 고치도록 타 이름 (忠 충성 충)

丿 卜 牛 牛 告 告 告

告 告 告

023	考	생각할 고
7급		耂=老부 2획
고		총6획

허리가 굽은 노인(耂=老)의 뛰어난 솜씨(丂)는 많을 것을 생각하게 한다는 데서 생각함을 뜻함

思 ☐ (사고) : 생각하고 궁리함
(思 생각 사)

☐ 察 (고찰) : 어떤 것을 깊이 생각하고 연구함 (察 살필 찰)

一 十 土 耂 考 考

考 考 考

024	曲	굽을 곡
8급		日부 2획
곡		총6획

대나무나 싸리 등으로 만든 바구니의 모양이 굽어 있는 것을 본떠 만듦

名 ☐ (명곡) : 유명한 악곡 (名 이름 명)

☐ 解 (곡해) : 사실과 다르게 좋지 않게 이해함 (解 풀 해)

丨 冂 日 由 曲 曲

曲 曲 曲

025 9급 공	工 장인 공	工부 0획 총3획	□ 事	(공사) : 집을 짓거나 둑을 쌓는 일 (事 일 사)
			□ 場	(공장) : 물건을 만들거나 가공하는 곳 (場 마당 장)

구멍을 뚫고 다듬을 때 쓰는 도구의 모양을 본떠 만듦

一 丁 工

工	工	工							

026 7급 공	公 공평할 공	八부 2획 총4획	□ 平	(공평) : 한쪽에 치우치지 않고 공정함 (平 평평할 평)
			□ 開	(공개) : 여러 사람에게 터놓고 널리 알림 (開 열 개)

사사로운 일(厶)을 멀리하여 그것과 등지고(八) 있다는 데서 공평함을 뜻함

丿 八 公 公

公	公	公							

027 7급 공	共 함께 공	八부 4획 총6획	□ 同	(공동) : 여러 사람이 다함께 함 (同 한가지 동)
			□ 用	(공용) : 공동으로 사용함 (用 쓸 용)

여러 사람이(廿) 한꺼번에 손을 바친다(八)는 뜻에서 함께 또는 한가지를 뜻함

一 十 廿 共 共 共

共	共	共							

028 9급 과	果 실과 과	木부 4획 총8획	□ 實	(과실) : 먹을 수 있는 나무의 열매 (實 열매 실)
			結 □	(결과) : 어떤 까닭으로 말미암아 생긴 일의 끝 (結 맺을 결)

나무(木) 위에 열매(田)가 열린 모양을 본떠 만듦

丿 冂 曱 日 旦 甲 果 果

果	果	果							

| 029 8급 과 科 | 과목 과
禾부 4획
총9획 | □目 | (과목) : 교과나 학문을 구분하여 나눔 (目 눈 목) |
| | | 内□ | (내과) : 내장의 병을 수술 없이 약물, 간호로 치료하는 의학의 분과 (內 안 내) |

곡식(禾)을 말(斗)로 헤아려서 종류나 수량을 구분한다는 데서 과목을 뜻함

丿 二 千 千 禾 禾 禾 科 科

科 科 科

| 030 7급 과 過 | 지날 과
辶=辵부 9획
총13획 | □去 | (과거) : 지나간 때 (去 갈 거) |
| | | □速 | (과속) : 정해진 속도의 범위를 넘음 (速 빠를 속) |

바른 길과 도를 지나침. 즉 바르지 않음, 과오를 뜻함

丨 冂 冂 冂 咼 咼 咼 咼 渦 渦 渦 過

過 過 過

| 031 8급 광 光 | 빛 광
儿부 4획
총6획 | □線 | (광선) : 빛의 줄기 (線 줄 선) |
| | | 夜□ | (야광) : 어둠 속에서 스스로 내는 빛 (夜 밤 야) |

사람(儿=人)이 횃불(火)을 들고 있다는 데서 밝게 비추는 빛을 뜻함

丨 丨 丨 业 业 光 光

光 光 光

| 032 9급 교 交 | 사귈 교
亠부 4획
총6획 | □友 | (교우) : 벗을 사귐. 사귀는 벗 (友 벗 우) |
| | | □換 | (교환) : 물건 또는 그 이외의 것을 서로 바꿈 (換 바꿀 환) |

사람의 종아리가 교차해 있는 모양을 본떠 만듦

丶 一 二 六 亣 交

交 交 交

033 7급 교	校	학교 교 木부 6획 총10획

나무(木)를 서로 엇걸리게 하여(交) 반듯하게 자라게 하듯이 아이들을 바로잡아 가르치는 곳이 학교임을 뜻함

學 □ (학교) : 교육의 시설을 갖추고 학문을 가르치는 곳 (學 배울 학)

登 □ (등교) : 학교에 감 (登 오를 등)

一 十 才 木 朾 栌 栌 栌 栌 校

校 校 校

034 9급 구	口	입 구 口부 0획 총3획

사람의 입 모양을 본떠 만듦

入 □ (입구) : 들어가는 어귀 (入 들 입)

食 □ (식구) : 한 집안에서 같이 살면서 끼니를 함께 먹는 사람 (食 밥 식)

丨 冂 口

口 口 口

035 8급 구	九	아홉 구 乙부 1획 총2획

다섯 손가락을 위로 펴고 다른 손의 네 손가락을 옆으로 편 모양을 나타냄

□ 年 (구년) : 아홉 해 (年 해 년)

十 中 八 □ (십중팔구) : 열 가운데 여덟이나 아홉 (十 열 십) (中 가운데 중) (八 여덟 팔)

丿 九

九 九 九

036 7급 구	求	구할 구 水부 2획 총7획

짐승의 가죽이나 모피로 만든 옷이나 모피를 달아 맨 모양을 본떠 만듦으로서 모피나 옷을 누구나 구하고 탐내므로 구함 또는 탐냄을 뜻함

□ 人 (구인) : 필요한 사람을 구함 (人 사람 인)

要 □ (요구) : 필요하여 달라고 함 (要 요긴할 요)

一 十 才 才 求 求 求

求 求 求

037	究	연구할 구
7급 구		穴부 2획 총7획

동굴(穴)속의 굽은 길(九)을 더듬으며 깊숙이 들어간다는 데서 연구함을 뜻함

研 [ ] (연구) : 일이나 사물에 대해 깊이 조사하고 생각함 (研 갈 연)

探 [ ] (탐구) : 학문이나 원리 등을 깊이 연구하는 것 (探 찾을 탐)

丶 宀 宀 宀 宀 宀 究 究

究 究 究

038	國	나라 국
7급 국		口부 8획 총11획

국경(口)을 에워싸고 적이 침입하지 못하게 했다는 데서 나라를 뜻함

[ ] 家 (국가) : 나라 (家 집 가)

[ ] 力 (국력) : 나라의 힘 (力 힘 력)

丨 冂 冂 冋 同 同 国 國 國 國

國 國 國

039	軍	군사 군
8급 군		車부 2획 총9획

전차(車) 주위를 둘러싸고(冖) 싸운다고 하여 군사를 뜻함

敵 [ ] (적군) : 마주 대하여 싸우는 적의 군사 (敵 대적할 적)

[ ] 人 (군인) : 군대에 있는 장병들의 총칭 (人 사람 인)

丿 冖 冖 冗 冒 宣 軍

軍 軍 軍

040	君	임금 군
7급 군		口부 4획 총7획

입(口)으로 천하를 손에 갖는(尹) 모양으로 임금을 뜻함

[ ] 臣 (군신) : 임금과 신하 (臣 신하 신)

[ ] 子 (군자) : 학문과 덕행이 높은 사람 (子 아들 자)

フ ㄱ 寻 尹 尹 君 君

君 君 君

연습문제

다음 한자(漢字)의 음(音)은 무엇입니까?

01 建 : ① 건 ② 견 ③ 간 ④ 각 ⑤ 구

02 江 : ① 공 ② 강 ③ 경 ④ 견 ⑤ 군

03 角 : ① 견 ② 경 ③ 강 ④ 격 ⑤ 각

04 間 : ① 견 ② 강 ③ 간 ④ 각 ⑤ 국

05 見 : ① 견 ② 각 ③ 가 ④ 간 ⑤ 교

06 考 : ① 곡 ② 고 ③ 노 ④ 경 ⑤ 가

07 曲 : ① 계 ② 곡 ③ 경 ④ 고 ⑤ 간

08 慶 : ① 고 ② 곡 ③ 결 ④ 경 ⑤ 각

09 家 : ① 계 ② 간 ③ 가 ④ 개 ⑤ 경

10 車 : ① 과 ② 가 ③ 건 ④ 간 ⑤ 거

11-15 다음의 음(音)을 가진 한자(漢字)는 어느 것입니까?

11 거 : ① 高 ② 京 ③ 君 ④ 軍 ⑤ 去

12 결 : ① 口 ② 共 ③ 交 ④ 決 ⑤ 光

13 고 : ① 季 ② 公 ③ 故 ④ 九 ⑤ 校

14 가 : ① 求 ② 國 ③ 加 ④ 工 ⑤ 科

15 경 : ① 果 ② 經 ③ 界 ④ 計 ⑤ 告

16-25 다음 한자(漢字)의 뜻은 무엇입니까?

16 建 : ① 보다 ② 가사 ③ 날다
④ 세우다 ⑤ 구하다

17 決 : ① 베다 ② 나누다 ③ 자르다
④ 결단하다 ⑤ 연구하다

18 季 : ① 계절 ② 날씨 ③ 고난
④ 곡식 ⑤ 실과

19 故 : ① 글 ② 공 ③ 연고
④ 거경 ⑤ 지나다

20 計 : ① 세다 ② 마디 ③ 치다
④ 더하다 ⑤ 말하다

21 界 : ① 지경 ② 세다 ③ 계절
④ 지나다 ⑤ 익히다

22 高 : ① 예 ② 연고 ③ 높다
④ 고하다 ⑤ 다투다

23 工 : ① 빛 ② 장인 ③ 까닭
④ 한가지 ⑤ 공평하다

24 果 : ① 과목 ② 수레 ③ 실과 ④ 다하다 ⑤ 생각하다

25 光 : ① 빛 ② 주다 ③ 보다 ④ 가다 ⑤ 사귀다

26-30 다음의 뜻을 가진 한자(漢字)는 어느 것입니까?

26 볕 : ①過 ②景 ③家 ④角 ⑤去

27 서울 : ①京 ②經 ③競 ④共 ⑤江

28 예 : ①古 ②考 ③曲 ④告 ⑤間

29 사귀다 : ①見 ②交 ③校 ④究 ⑤加

30 나라 : ①君 ②軍 ③求 ④車 ⑤國

31-45 다음 한자어(漢字語)의 음(音)은 무엇입니까?

31 公開 : ① 공개 ② 광경 ③ 미개 ④ 경계 ⑤ 공중

32 過去 : ① 고조 ② 제거 ③ 과거 ④ 가세 ⑤ 경고

33 建國 : ① 강조 ② 간단 ③ 결과 ④ 건국 ⑤ 건설

34 見學 : ① 개학 ② 견습 ③ 자습 ④ 과학 ⑤ 견학

35 競技 : ① 견문 ② 극기 ③ 강국 ④ 경기 ⑤ 경주

36 合計 : ① 합계 ② 회견 ③ 합격 ④ 한도 ⑤ 총계

37 名曲 : ① 만국 ② 두각 ③ 명곡 ④ 명물 ⑤ 선곡

38 忠告 : ① 탐구 ② 등교 ③ 충격 ④ 충고 ⑤ 선고

39 共同 : ① 공동 ② 강사 ③ 합동 ④ 공평 ⑤ 공공

40 科目 : ① 교실 ② 곡목 ③ 요일 ④ 고속 ⑤ 과목

41 學校 : ① 학급 ② 연구 ③ 학교 ④ 개강 ⑤ 학습

42 要求 : ① 물건 ② 요청 ③ 요금 ④ 인구 ⑤ 요구

43 國家 : ① 국가 ② 군인 ③ 교사 ④ 국민 ⑤ 외국

44 軍人 : ① 국사 ② 군인 ③ 곡선 ④ 만인 ⑤ 대인

45 君臣 : ① 건립 ② 대신 ③ 간식 ④ 군왕 ⑤ 군신

| 041 8급 今 금 | 이제 금 人부 2획 총4획 | □年 (금년) : 올해 (年 해 년) |
| | | 古□ (고금) : 예전과 지금 (古 예 고) |

세월이 흐르고 쌓여(亼) 지금에 이르렀다는 뜻으로 이제를 뜻함

丿 人 亼 今

| 今 | 今 | 今 | | | | | | |

| 042 8급 金 금 | 쇠금/성 김 金부 0획 총8획 | 現□ (현금) : 현재 가지고 있는 돈 (現 나타날 현) |
| | | 萬□ (만금) : 매우 많은 돈 (萬 일만 만) |

세월이 흘러(今) 흙(土) 속에 광물(두 개의 점)이 생겼는데 그것이 쇠라는 뜻

丿 人 亼 今 全 全 金 金

| 金 | 金 | 金 | | | | | | |

| 043 8급 己 기 | 몸 기 己부 0획 총3획 | 利□ (이기) : 자기 이익만을 꾀함 (利 이로울 리) |
| | | 自□ (자기) : 자신. 스스로 (自 스스로 자) |

상대에게 허리를 굽혀 자세를 낮추고 있는 사람의 모양을 본떠 만듦

乛 コ 己

| 己 | 己 | 己 | | | | | | |

| 044 7급 基 기 | 터 기 土부 8획 총11획 | □本 (기본) : 사물의 근본 (本 근본 본) |
| | | □地 (기지) : 군대나 탐험대 등의 행동 근거지 (地 땅 지) |

흙(土)으로 땅을 높여 토대(其)를 굳혀 집터를 만든 다는데서 터를 뜻함

一 十 艹 艹 甘 甘 其 其 其 基 基

| 基 | 基 | 基 | | | | | | |

045	技	재주 기
7급 기		扌=手부 4획 총7획

□ 能	(기능) : 기술 상의 재주와 능력 (能 능할 능)
□ 法	(기법) : 기교를 나타내는 방법 (法 법 법)

대나무 줄기(支)를 가지고 손(扌=手)으로 물건을 만 드니 솜씨가 좋다는데서 재주를 뜻함

一 十 扌 扌 扩 扩 抃 技 技

技　技　技

046	氣	기운 기
7급 기		气부 6획 총10획

□ 運	(기운) : 어떤 일이 일어나려는 분 위기 (運 옮길 운)
□ 溫	(기온) : 대기의 온도 (溫 따뜻할 온)

김을 올려(气) 밥(米)을 지어먹으니 기운이 좋아진 다는데서 기운을 뜻함

丿 亇 气 气 气 氛 氣 氣 氣 氣

氣　氣　氣

047	記	기록할 기
7급 기		言부 3획 총10획

日 □	(일기) : 매일의 일이나 생각, 느낌 등을 적는 글 (日 날 일)
表 □	(표기) : 적어서 나타냄, 또는 그런 기록 (表 겉 표)

무릎을 꿇은 사람(己)이 상대가 말(言)한 내용을 받 아 적는다는데서 기록한다는 뜻

丶 二 亖 言 言 言 訁 訂 記 記

記　記　記

048	南	남녘 남
8급 남		十부 7획 총9획

□ 部	(남부) : 남쪽의 지역이나 구역 (部 떼 부)
□ 向	(남향) : 남쪽 방향 (向 향할 향)

울타리(冂)를 치고 양(羊)을 기르는 좋은 땅이 남쪽 이라는 뜻

一 十 十 冉 冉 南 南 南 南

南　南　南

049 8급 남	男	사내 남 田부 2획 총7획

논 밭(田)에서 힘써(力) 일하는 사람을 뜻함

□女 (남녀) : 남자와 여자 (女 계집 녀)

長□ (장남) : 가장 큰 아들 (長 길 장)

丨 冂 冂 田 田 田 男

男　男　男

050 8급 내	内	안 내 入부 2획 총4획

비어있는(冂) 곳에 들어간다(入)는 뜻

國□ (국내) : 나라 안 (國 나라 국)

□服 (내복) : 안에 입는 옷 (服 옷 복)

丨 冂 冂 内

内　内　内

051 9급 녀	女	계집 녀 女부 0획 총3획

여자가 손을 앞으로 모으고 무릎을 꿇고있는 모양을 본떠 만듦

□王 (여왕) : 여자 임금 (王 임금 왕)

母□ (모녀) : 엄마와 딸 (母 어미 모)

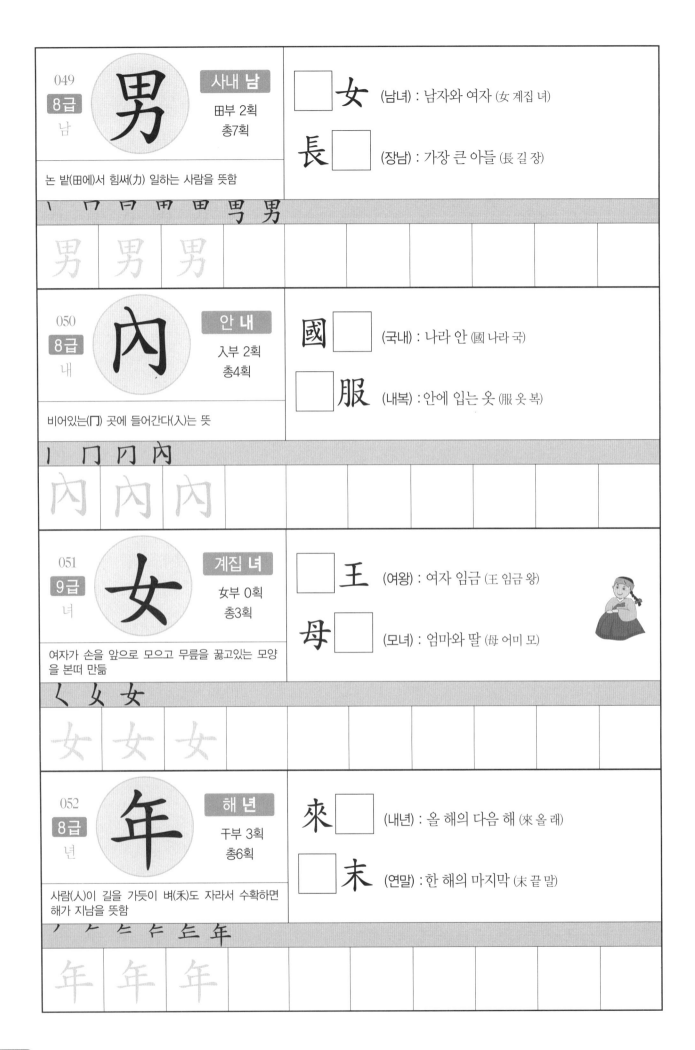

く 女 女

女　女　女

052 8급 년	年	해 년 干부 3획 총6획

사람(人)이 길을 가듯이 벼(禾)도 자라서 수확하면 해가 지남을 뜻함

來□ (내년) : 올 해의 다음 해 (來 올 래)

□末 (연말) : 한 해의 마지막 (末 끝 말)

丿 广 仁 仁 与 年

年　年　年

053	農	농사 농		夫	(농부) : 농사짓는 일을 하는 사람
7급 농		辰부 6획 총13획		業	(농업) : 농사짓는 직업 (業 일 업)

별(辰)이 떠 있는 새벽부터 밭에 나가 곡식을 가꾸는 일(曲)이 농사라는 뜻

丨 冂 冂 曲 曲 曲 曲 芦 芦 芦 農 農 農

農	農	農						

054	能	능할 능		力	(능력) : 일을 해내는 능력 (力 힘 력)
8급 능		月=肉부 6획 총10획		無	(무능) : 능력이나 재주가 없음 (無 없을 무)

곰의 재능이 다양하다는 데서 '능하다'는 뜻이 됨

厶 厶 夕 台 台 育 育 能 能 能

能	能	能						

055	多	많을 다		情	(다정) : 정이 많음 (情 뜻 정)
7급 다		夕부 3획 총6획		最	(최다) : 양이나 수가 가장 많음 (最 가장 최)

저녁(夕)에 저녁(夕)이 더해져서 세월이 많다는 뜻

丿 ク タ タ 多 多

多	多	多						

056	單	홑 단		獨	(단독) : 혼자 (獨 홀로 독)
8급 단		口부 9획 총12획		價	(단가) : 낱개의 값 (價 값 가)

많은 식구(口口)를 위해 밭(田)에 나가 여러 날을 (十) 홀로 열심히 일한다는 뜻

丨 口 口 口 口 罒 眍 毘 單 單 單 單

單	單	單						

057	答	대답 답
7급 답		竹부 6획 총12획

종이가 없던 때에 대나무(竹)쪽에 맞게(合) 회답한다고 하여 '대답하다' 라는 뜻이 됨

正 ☐ (정답) : 옳은 답 (正 바를 정)

解 ☐ (해답) : 문제를 풀어서 답함 (解 풀 해)

丿 ㇒ ㇒ ㇒ ㇒ ㇒ 竺 竺 笠 笠 答 答

答 答 答

058	大	큰 대
9급 대		大부 0획 총3획

사람이 두 팔과 다리를 벌리고 서 있는 모습을 본떠 만듦

☐ 軍 (대군) : 병사의 수효가 많은 군대 (軍 군사 군)

☐ 學 (대학) : 고등 교육을 베푸는 교육 기관 (學 배울 학)

一 ナ 大

大 大 大

059	圖	그림 도
7급 도		口부 11획 총14획

일정한 토지(口)에서 농토를 나누어 그린 모양을 뜻함

☐ 書 (도서) : 글씨·그림·책 등을 통틀어 이르는 말 (書 글 서)

地 ☐ (지도) : 지구의 전부 혹은 일부를 평면으로 나타낸 그림 (地 땅 지)

丨 冂 冂 冂 冂 冋 冋 圀 圀 圂 圂 圖 圖 圖

圖 圖 圖

060	島	섬 도
7급 도		山부 7획 총10획

바다에서 새(鳥)가 날개를 쉬는 봉우리(山)가 있는 곳이 섬이라는 뜻

落 ☐ (낙도) : 외따로 멀리 떨어져 있는 섬 (落 떨어질 락)

無人 ☐ (무인도) : 사람이 살지 않는 섬 (無 없을 무)(人 사람 인)

丿 ㇒ ㇒ 户 户 户 自 鳥 鳥 島 島

島 島 島

| 061 7급 도 | 度 | 법도 도 广부 6획 총9획 | 角□ (각도) : 각의 크기 (角 뿔 각) |
| | | | 强□ (강도) : 센 정도 (强 강할 강) |

많은 것(庶)을 손(又)으로 헤아린다는 뜻으로 수량을 재는 단위의 총칭을 뜻함

`丶 亠 广 广 庐 庐 庐 度 度`

度 度 度

| 062 7급 도 | 道 | 길 도 辶=辵부 9획 총13획 | □路 (도로) : 사람이나 차들이 다니는 길 (路 길 로) |
| | | | □理 (도리) : 마땅히 지켜야 할 바른 길 (理 다스릴 리) |

사람(首)이 다니는(辶) 길이나 사람이 살면서 지켜야 할 도리를 뜻함

`丶 丷 丷 丷 丷 首 首 首 道 道 道 道`

道 道 道

| 063 7급 도 | 都 | 도읍 도 阝=邑부 9획 총12획 | □心 (도심) : 도시의 중심 (心 마음 심) |
| | | | □邑 (도읍) : 서울 혹은 수도 (邑 고을 읍) |

사람(者)이 많이 모여 사는 시내(阝=邑)라는 뜻

`一 十 土 耂 耂 夬 者 者 者 者' 都 都`

都 都 都

| 064 8급 동 | 同 | 한가지 동 口부 3획 총6획 | □時 (동시) : 같은 때나 같은 시기 (時 때 시) |
| | | | 協□ (협동) : 마음과 힘을 합함 (協 화합할 협) |

여러 사람의 말(口)이 하나(一)로 된다는 뜻으로 말이 같음을 뜻함

`丨 冂 冂 同 同 同`

同 同 同

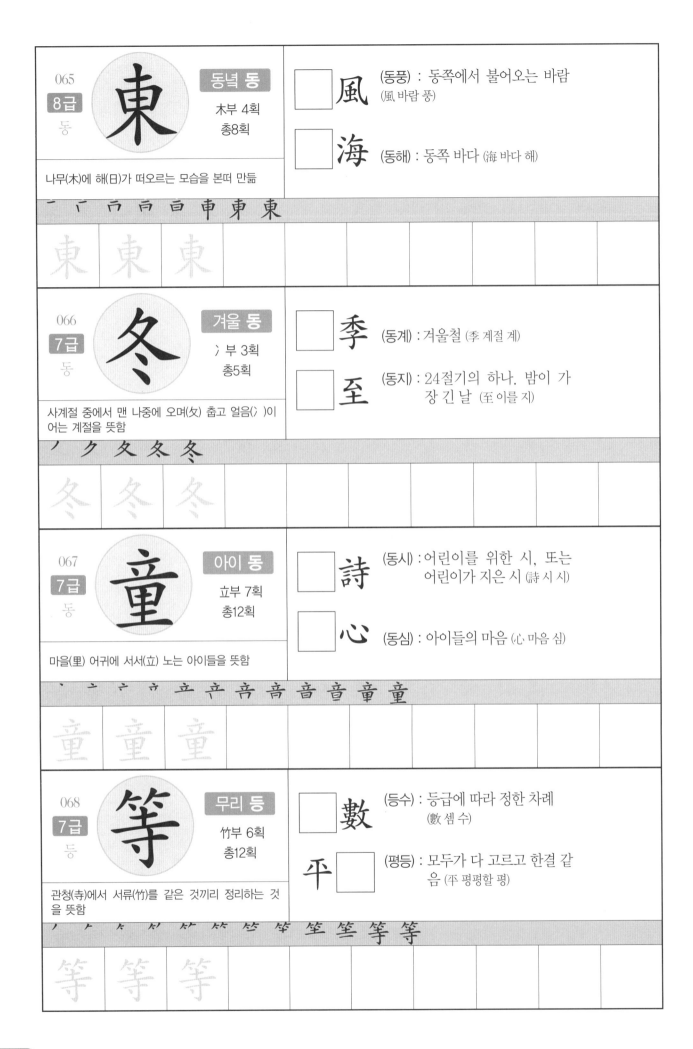

065 8급 동	東	동녘 동 木부 4획 총8획
나무(木)에 해(日)가 떠오르는 모습을 본떠 만듦		

□ 風 (동풍) : 동쪽에서 불어오는 바람
(風 바람 풍)

□ 海 (동해) : 동쪽 바다 (海 바다 해)

一 ſ ſ ſ ꜱ 币 甫 東 東

| 東 | 東 | 東 | | | | | |

066 7급 동	冬	겨울 동 冫부 3획 총5획
사계절 중에서 맨 나중에 오며(夊) 춥고 얼음(冫)이 어는 계절을 뜻함		

□ 季 (동계) : 겨울철 (季 계절 계)

□ 至 (동지) : 24절기의 하나. 밤이 가 장 긴 날 (至 이를 지)

ﾉ ク 夂 冬 冬

| 冬 | 冬 | 冬 | | | | | |

067 7급 동	童	아이 동 立부 7획 총12획
마을(里) 어귀에 서서(立) 노는 아이들을 뜻함		

□ 詩 (동시) : 어린이를 위한 시, 또는 어린이가 지은 시 (詩 시 시)

□ 心 (동심) : 아이들의 마음 (心 마음 심)

ﾠ ﾠ ﾠ 立 产 音 音 音 音 童 童

| 童 | 童 | 童 | | | | | |

068 7급 등	等	무리 등 竹부 6획 총12획
관청(寺)에서 서류(竹)를 같은 것끼리 정리하는 것을 뜻함		

□ 數 (등수) : 등급에 따라 정한 차례 (數 셈 수)

平 □ (평등) : 모두가 다 고르고 한결 같음 (平 평평할 평)

ﾉ ﾠ ﾠ ﾠ ﾠ 竹 笊 笆 笙 笙 等 等

| 等 | 等 | 等 | | | | | |

| 069 **8급** 락 | 樂 | 즐길 락 / 음악 악
木부 11획
총15획 | □園 | (낙원) : 근심없이 즐겁게 살기 좋은 곳 (園 동산 원) |
| 軍□ | | | | (군악) : 군대의 음악 (軍 군사 군) |

나무(木) 위에서 북(白)과 방울을 달아 악기를 연주하니 '즐겁다'는 뜻이 됨

丿 冂 冂 白 白 伯 纠 纠 绺 绺 鄉 缨 樂 樂 樂

| 樂 | 樂 | 樂 | | | | | |

| 070 **8급** 래 | 來 | 올 래
人부 6획
총8획 | □年 | (내년) : 다음 해 (年 해 년) |
| 往□ | | | | (왕래) : 가고 오고 함 (往 갈 왕) |

옛날 중국에서 '보리'와 '오다' 음이 비슷하여 보리의 모양을 본떠 만듦

一 厂 厃 刃 厼 巫 來 來

| 來 | 來 | 來 | | | | | |

| 071 **9급** 력 | 力 | 힘 력
力부 0획
총2획 | 體□ | (체력) : 몸의 힘이나 몸의 작업 능력 (體 몸 체) |
| □量 | | | | (역량) : 일을 해낼 수 있는 능력 (量 헤아릴 량) |

팔에 힘을 주어서 근육이 튀어나온 모양을 본떠 만듦

フ 力

| 力 | 力 | 力 | | | | | |

| 072 **8급** 령 | 令 | 하여금 령
人부 3획
총5획 | 命□ | (명령) : 윗사람이나 상위조직이 아랫사람에게나 하위조직에 무엇을 하게 함 (命 목숨 명) |
| 假□ | | | | (가령) : 가정하여 말하자면, 예를 들면 (假 거짓 가) |

사람(人)들을 한곳(一)에 모아놓고 무릎을 꿇게(卩)하여 일을 시킨다는 뜻에서 명령하다 또는 하여금을 뜻함

丿 人 人 今 令

| 令 | 令 | 令 | | | | | |

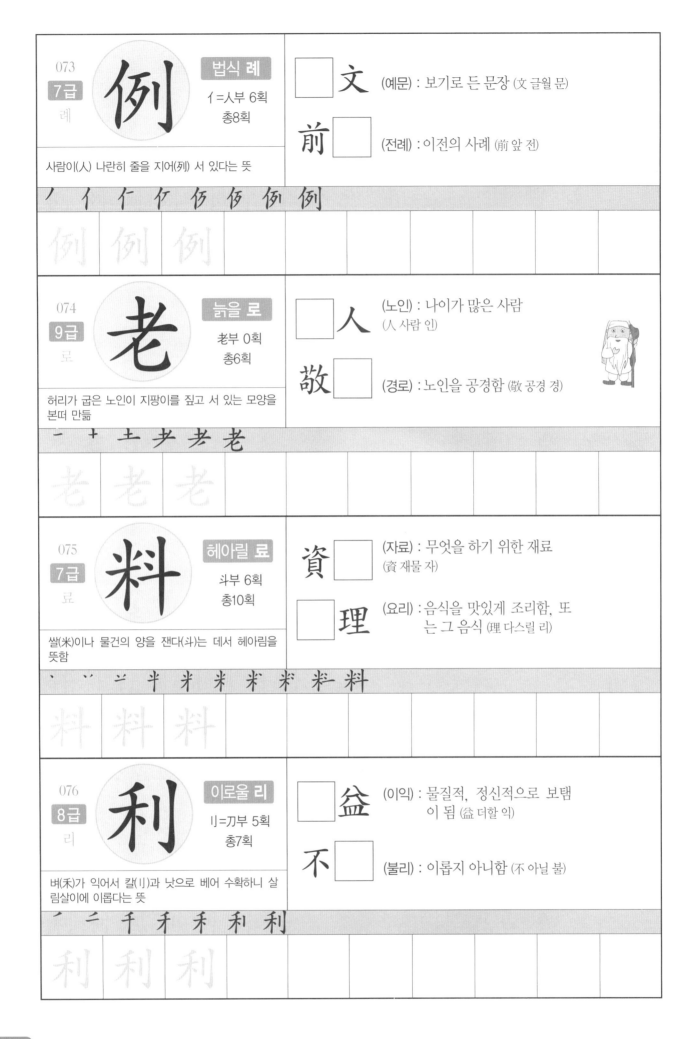

| 073 7급 례 | 例 법식 례 亻=人부 6획 총8획 | □文 (예문) : 보기로 든 문장 (文 글월 문) |
| | | 前□ (전례) : 이전의 사례 (前 앞 전) |

사람이(人) 나란히 줄을 지어(列) 서 있다는 뜻

丿 亻 亻 伫 伨 例 例 例

例 例 例

| 074 9급 로 | 老 늙을 로 老부 0획 총6획 | □人 (노인) : 나이가 많은 사람 (人 사람 인) |
| | | 敬□ (경로) : 노인을 공경함 (敬 공경 경) |

허리가 굽은 노인이 지팡이를 짚고 서 있는 모양을 본떠 만듦

一 十 土 耂 耂 老

老 老 老

| 075 7급 료 | 料 헤아릴 료 斗부 6획 총10획 | 資□ (자료) : 무엇을 하기 위한 재료 (資 재물 자) |
| | | □理 (요리) : 음식을 맛있게 조리함, 또는 그 음식 (理 다스릴 리) |

쌀(米)이나 물건의 양을 잰다(斗)는 데서 헤아림을 뜻함

丶 丷 丷 半 半 米 料 料 料 料

料 料 料

| 076 8급 리 | 利 이로울 리 刂=刀부 5획 총7획 | □益 (이익) : 물질적, 정신적으로 보탬이 됨 (益 더할 익) |
| | | 不□ (불리) : 이롭지 아니함 (不 아닐 불) |

벼(禾)가 익어서 칼(刂)과 낫으로 베어 수확하니 살림살이에 이롭다는 뜻

丿 二 千 禾 禾 利 利

利 利 利

077 7급 리	里	마을 리 里부 0획 총7획

밭(田)과 토지(土)가 함께 있는 곳이라는 뜻임

鄕□ (향리) : 고향 (鄕 시골 향)

□長 (이장) : 행정단위인 리(里)에서 사무를 보는 사람 (長 길 장)

`｜ 冂 冂 日 旦 甲 里`

里 里 里

078 7급 림	林	수풀 림 木부 4획 총8획

나무(木)와 나무(木)가 겹쳐져있는 숲을 뜻함

□野 (임야) : 숲과 들을 아울러 이름 (野 들 야)

山□ (산림) : 산과 숲 (山 메 산)

`一 十 才 木 木 村 材 林`

林 林 林

079 9급 립	立	설 립 立부 0획 총5획

사람(大)이 땅(一) 위에 서 있는 모양을 본떠 만듦

設□ (설립) : 단체나 기관을 세움 (設 베풀 설)

國□ (국립) : 나라에서 세움 (國 나라 국)

`丶 亠 十 立 立`

立 立 立

080 9급 마	馬	말 마 馬부 0획 총10획

말의 모양(머리와 갈기, 몸통, 꼬리, 네 발)을 본떠 만듦

□夫 (마부) : 말을 부리는 사람 (夫 지아비 부)

木□ (목마) : 나무로 만든 말 (木 나무 목)

`｜ 厂 厂 丆 丐 馬 馬 馬 馬 馬`

馬 馬 馬

연습문제

01-10 다음 한자(漢字)의 음(音)은 무엇입니까?

01 今 : ①념 ②기 ③금 ④근 ⑤남

02 道 : ①단 ②도 ③독 ④달 ⑤기

03 單 : ①대 ②능 ③동 ④단 ⑤다

04 農 : ①농 ②능 ③단 ④다 ⑤금

05 同 : ①능 ②도 ③동 ④답 ⑤례

06 技 : ①구 ②금 ③교 ④계 ⑤기

07 多 : ①대 ②다 ③단 ④도 ⑤답

08 東 : ①동 ②대 ③남 ④도 ⑤납

09 樂 : ①래 ②려 ③락 ④령 ⑤력

10 立 : ①로 ②료 ③력 ④림 ⑤립

11-15 다음의 음(音)을 가진 한자(漢字)는 어느 것입니까?

11 기 : ①金 ②南 ③今 ④男 ⑤基

12 능 : ①農 ②圖 ③能 ④多 ⑤答

13 례 : ①樂 ②料 ③令 ④例 ⑤記

14 리 : ①馬 ②里 ③林 ④令 ⑤力

15 로 : ①利 ②料 ③老 ④來 ⑤度

16-25 다음 한자(漢字)의 뜻은 무엇입니까?

16 年 : ①해 ②산 ③물 ④손 ⑤시내

17 記 : ①취하다 ②말하다 ③기억하다 ④연설하다 ⑤기록하다

18 氣 : ①몸 ②터 ③재주 ④상승 ⑤기운

19 同 : ①아이 ②그림 ③동녘 ④한가지 ⑤움직이다

20 能 : ①농사 ②법도 ③사내 ④도읍 ⑤능하다

21 島 : ①집 ②산 ③섬 ④홀 ⑤강

22 馬 : ①소 ②말 ③수풀 ④여섯 ⑤농사

23 料 : ①흐르다 ②논하다 ③하여금 ④나무라다 ⑤헤아리다

24 金：① 쇠　② 몸　③ 이제
　　④ 많다　⑤ 기록하다

25 冬：① 겨울　② 동녘　③ 아이
　　④ 한가지　⑤ 즐기다

26-30 다음의 뜻을 가진 한자(漢字)는 어느
것입니까?

26 사내 : ① 南 ② 女 ③ 男 ④ 氣 ⑤ 童

27 터 　: ① 基 ② 圖 ③ 技 ④ 己 ⑤ 例

28 대답 : ① 單 ② 多 ③ 道 ④ 大 ⑤ 答

29 법도 : ① 島 ② 農 ③ 都 ④ 度 ⑤ 老

30 힘 　: ① 九 ② 等 ③ 利 ④ 力 ⑤ 令

31-45 다음 한자어(漢字語)의 음(音)은
무엇입니까?

31 自己 : ① 일년　② 안내　③ 구단
　　　④ 자기　⑤ 자신

32 圖書 : ① 도면　② 동기　③ 독서
　　　④ 무시　⑤ 도서

33 童詩 : ① 등수　② 근대　③ 도시
　　　④ 동시　⑤ 서시

34 平等 : ① 자동　② 등수　③ 중동
　　　④ 무능　⑤ 평등

35 來年 : ① 예식　② 대기　③ 내년
　　　④ 노인　⑤ 내일

36 命令 : ① 명령　② 노력　③ 개량
　　　④ 교류　⑤ 수령

37 利益 : ① 유익　② 유학　③ 요금
　　　④ 이익　⑤ 이유

38 基地 : ① 기지　② 계기　③ 동지
　　　④ 고가　⑤ 기타

39 能力 : ① 경력　② 내면　③ 재능
　　　④ 동작　⑤ 능력

40 正答 : ① 정밀　② 정답　③ 장대
　　　④ 대담　⑤ 정성

41 道路 : ① 수리　② 두각　③ 대량
　　　④ 도로　⑤ 도중

42 樂園 : ① 근원　② 낙원　③ 역량
　　　④ 논문　⑤ 정원

43 例文 : ① 신분　② 사물　③ 주목
　　　④ 예문　⑤ 비문

44 資料 : ① 물류　② 유리　③ 미로
　　　④ 자료　⑤ 사료

45 設立 : ① 설계　② 국립　③ 착륙
　　　④ 밀림　⑤ 설립

081 9급 만	萬	일만 **만** 艹(++=艸)부 8획 총13획	□ 能	(만능) : 모든 일에 다 능통함 (能 능할 능)
꼬리를 세운 전갈의 모양을 본떠 만든 글자로, 그 수가 많음을 뜻함			□ 物	(만물) : 세상의 모든 물건 (物 물건 물)

十 艹 芏 芦 芦 芦 萬 萬 萬 萬

萬 萬 萬

082 7급 매	每	매양 **매** 毋부 3획 총7획	□ 番	(매번) : 번번이 (番 차례 번)
매번 어린 아이(人)가 어머니(母)의 젖을 먹는 데서 매양을 뜻함			□ 日	(매일) : 날마다 (日 날 일)

丿 仁 仁 每 每 每 每

每 每 每

083 9급 면	面	낯 **면** 面부 총9획	□ 談	(면담) : 서로 만나서 이야기함 (談 말씀 담)
정면에서 본 사람 얼굴의 윤곽(囗)과 이마(一)와 코(鼻)등을 나타냄			外 □	(외면) : 겉면, 겉모양 또는 보기를 꺼려 얼굴을 돌림 (外 바깥 외)

一 ァ 丆 丙 而 而 面 面 面

面 面 面

084 8급 명	名	이름 **명** 口부 3획 총6획	□ 作	(명작) : 이름난 작품 (作 지을 작)
저녁(夕)이 되면 사람이 안 보이므로 이름을 말(口)로 불러야 한다는 뜻임			有 □	(유명) : 이름이 널리 알려져 있음 (有 있을 유)

丿 夕 ク タ 名 名

名 名 名

| 085 7급 명 | 命 | 목숨 명 口부 5획 총8획 | 運 ☐ (운명) : 사람에게 닥쳐올 좋고 나쁜 일 (運 옮길 운) |
| | | | 人 ☐ (인명) : 사람의 목숨 (人 사람 인) |

명령(令)의 말(口)은 하늘의 명령이며, 이는 목숨과 같음을 뜻함

ノ 人 스 슦 合 合 命 命

命　命　命

| 086 7급 명 | 明 | 밝을 명 日부 4획 총8획 | 分 ☐ (분명) : 틀림없이 확실하게 (分 나눌 분) |
| | | | ☐ 白 (명백) : 분명하고 뚜렷함 (白 흰 백) |

해(日)와 달(月)이 함께 있으니 당연히 밝음을 뜻함

l 冂 日 日 日 明 明 明

明　明　明

| 087 9급 모 | 母 | 어미 모 母부 1획 총5획 | ☐ 女 (모녀) : 어머니와 딸 (女 계집 녀) |
| | | | ☐ 國 (모국) : 자기의 조국 (國 나라 국) |

어머니가 아이에게 젖을 먹이는 모양을 본떠 만듦

ㄴ ㄅ 丹 母 母

母　母　母

| 088 8급 모 | 毛 | 터럭(털) 모 毛부 0획 총4획 | 羊 ☐ (양모) : 양의 털 (羊 양 양) |
| | | | ☐ 根 (모근) : 머리카락이나 털의 뿌리 (根 뿌리 근) |

사람이나 짐승의 털이 난 모양을 본떠 만듦

ノ ニ 三 毛

毛　毛　毛

089 9급 목	木	나무 목 木부 0획 총4획		
땅에 뿌리를 박고 서 있는 나무(木)의 모양을 본떠 만듦				

□ 工 (목공) : 목수. 나무를 다루어 물건을 만드는 사람 (工 장인 공)

古 □ (고목) : 오래된 나무 (古 예 고)

一 十 才 木

木	木	木						

090 9급 목	目	눈 목 目부 0획 총5획		
사람의 눈 모양을 본떠 만듦				

題 □ (제목) : 글이나 그림, 책, 노래 따위의 이름 (題 제목 제)

□ 的 (목적) : 이루려하는 일, 또는 나아가려는 방향 (的 과녁 적)

丨 冂 冂 月 目

目	目	目						

091 8급 무	無	없을 무 灬=火부 8획 총12획		
숲에 불(灬=火)이 나서 모두 타고 없다는 뜻				

□ 事 (무사) : 일이 없음. 아무 탈이 없음 (事 일 사)

□ 視 (무시) : 존재 의의나 가치를 알아주지 아니함 (視 볼 시)

丿 二 二 午 午 午 無 無 無 無 無 無

無	無	無						

092 7급 무	武	군인, 호반 무 止부 4획 총8획		
창(戈)으로 병란을 막아 그치게(止) 한다는 뜻				

□ 力 (무력) : 군사상의 힘 (力 힘 력)

□ 術 (무술) : 무기나 힘을 쓰는 기술 등 무도에 관한 기술 (術 재주 술)

一 二 广 午 午 武 武 武

武	武	武						

| 093
9급
문 | 文 | **글월 문**
文부 0획
총4획 | 作☐ | (작문) : 글을 지음 또는 그 글
(作 지을 작) |
| | | | 漢☐ | (한문) : 한자 또는 한자로 된 문장
(漢 한수 한) |

몸에 ×모양과 같은 문신을 한 모양을 본떠 만듦

`、 一 ナ 文`

| 文 | 文 | 文 | | | | | | |

| 094
9급
문 | 門 | **문 문**
門부 0획
총8획 | 名☐ | (명문) : 이름난 좋은 집안
(名 이름 명) |
| | | | 家☐ | (가문) : 대대로 내려오는 집안의
사회적인 지위 (家 집 가) |

왼편과 오른편의 두 문짝 모양을 본떠 만듦

`丨 冂 冂 冃 門 門 門 門`

| 門 | 門 | 門 | | | | | | |

| 095
7급
문 | 聞 | **들을 문**
耳부 8획
총14획 | 見☐ | (견문) : 보고 들음 (見 볼 견) |
| | | | 新☐ | (신문) : 새로운 소식, 또는 그것을
신속하게 알려주는 정기
간행물 (新 새 신) |

남의집 대문(門) 앞에서 귀(耳)를 기울여서 듣는다는 뜻

`丨 冂 冂 冃 門 門 門 門 閂 聞 聞 聞 聞 聞`

| 聞 | 聞 | 聞 | | | | | | |

| 096
7급
물 | 物 | **물건 물**
牛부 4획
총8획 | 萬☐ | (만물) : 세상의 온갖 물건
(萬 일만 만) |
| | | | 名☐ | (명물) : 그 지방의 이름난 산물
(名 이름 명) |

옛날부터 소(牛)는 중요한 재물이며 깃발(勿)을 펄럭일 만큼 자랑스러운 물건임을 뜻함

`丿 宀 牜 牛 牜 牣 物 物`

| 物 | 物 | 物 | | | | | | |

097 7급 미	美	아름다울 미 羊부 3획 총9획

양(羊)이 크고(大) 살이 쪄서 보기 좋다는 뜻에서 아름답다는 뜻이 됨

☐ 人 (미인) : 아름다운 사람 (人 사람 인)

☐ 風 (미풍) : 아름다운 풍속 (風 바람 풍)

丶 丷 丷 兰 羊 羊 羊 美

| 美 | 美 | 美 | | | | | |

098 8급 민	民	백성 민 氏부 1획 총5획

눈이 보이지 않아 무지하다는 데서 교육을 못받은 사람 ; 일반 사람이란 뜻

農 ☐ (농민) : 농사에 종사하는 사람 (農 농사 농)

☐ 家 (민가) : 일반 국민의 집 (家 집 가)

フ コ ア 尸 民

| 民 | 民 | 民 | | | | | |

099 7급 반	半	반 반 十부 3획 총5획

소(牛)를 자르듯이 물건을 나누는 일 혹은 나눈 반 쪽을 뜻함

前 ☐ (전반) : 전체를 둘로 나누어 앞쪽의 반 (前 앞 전)

折 ☐ (절반) : 하나를 똑같이 둘로 나눔, 또는 그 반쪽 (折 꺾을 절)

丶 丷 丷 半 半

| 半 | 半 | 半 | | | | | |

100 7급 반	反	돌이킬 반 又부 2획 총4획

손(又)바닥 뒤집듯 굴 바위(厂) 밑에서 뒤집는다는 뜻

☐ 對 (반대) : 방향 순서 등이 거꾸로 임. 남의 의견에 찬성하지 아니함 (對 대할 대)

相 ☐ (상반) : 서로 반대되거나 어긋남 (相 서로 상)

一 厂 厅 反

| 反 | 反 | 反 | | | | | |

101 8급 방	方	모 **방** 方부 0획 총4획

통나무배 두 척이 나란히 하고 있는 모양을 본떠 만듦

□ 向 (방향) : 향하거나 나아가는 쪽
(向 향할 향)

□ 法 (방법) : 어떤 목적을 달성하기 위하여 취하는 수단 (法 법 법)

丶 一 亍 方

方	方	方					

102 7급 방	放	놓을 **방** 攵=攴부 4획 총8획

일을 하는(攵=攴) 것을 못하게 멀찌감치 놓다(方)라는 뜻

開 □ (개방) : 문을 열어 놓음 (開 열 개)

□ 學 (방학) : 학교에서 학기를 마치고 한동안 수업을 쉼 (學 배울 학)

丶 一 亍 方 方 方 放 放

放	放	放					

103 8급 백	白	흰 **백** 白부 0획 총5획

햇빛(日)이 위(丶)를 향하여 비추는 모양을 본떠 만듦

□ 馬 (백마) : 털빛이 흰 말 (馬 말 마)

告 □ (고백) : 마음 속에 숨기고 있던 것을 털어 놓음 (告 고할 고)

丿 亻 白 白 白

白	白	白					

104 8급 백	百	일백 **백** 白부 1획 총6획

하나(一)부터 시작하여 100까지 세어서 밝게(白) 말하다라는 뜻

□ 方 (백방) : 온갖 방법, 혹은 여러 방면 (方 모 방)

□ 姓 (백성) : 일반 국민 (姓 성 성)

一 一 丆 丆 百 百

百	百	百					

105 7급 番 번	차례 **번** 田부 7획 총12획					

농부의 발자국(釆)이 밭(田)에 차례로 나타나 있음을 뜻함

☐ 號	(번호) : 차례를 표시하는 숫자나 부호 (號 이름 호)
當 ☐	(당번) : 차례의 순서가 됨, 또는 그 사람 (當 마땅할 당)

丿 ㄏ 丷 乊 平 釆 釆 采 番 番 番 番

番 番 番

---

106 8급 法 법	법 **법** 氵=水부 5획 총8획					

물(水)은 높은데서 낮은 곳으로 흘러가면서 더러운 것을 제거하는(去) 규칙이 있음을 뜻함

☐ 度	(법도) : 생활상의 예법과 제도 (度 법도 도)
立 ☐	(입법) : 법을 제정함 (立 설 립)

丶 冫 冫 氵 氵 汁 泔 法 法

法 法 法

---

107 8급 兵 병	병사 **병** 八부 5획 총7획					

무기(斤)를 양 손으로 쥐고 있음을 뜻함

卒 ☐	(졸병) : 계급이 낮은 병사 (卒 마칠 졸)
☐ 法	(병법) : 군사 작전의 방법 (法 법 법)

丿 ㄏ ㅌ ㅌ 斤 兵 兵

兵 兵 兵

---

108 7급 病 병	병 **병** 疒부 5획 총10획					

병상에 드러누운 모양(疒)의 사람은 아픈 사람이 분명하다(丙)는 뜻임

☐ 室	(병실) : 병원에서 환자가 있는 방 (室 집 실)
問 ☐	(문병) : 아픈 사람을 찾아보고 위로함 (問 물을 문)

丶 亠 广 广 疒 疒 疒 病 病 病

病 病 病

109	保	지킬 보

亻=人부 7획
총9획

보

어른이(人) 어린 아이를 지키고 보살핀다는 데서 '보전하다' 라는 뜻

□ 存 (보존) : 잘 보호하여 유지함 (存 있을 존)

□ 有 (보유) : 가지고 있음 (有 있을 유)

ノ　亻　亻　伫　伫　伫　伴　伴　保

保　保　保

110	步	걸음 보

止부 3획
총7획

보

止(지)는 발의 모양이며 步(보)는 止를 위와 아래로 합한 것으로 걸음을 뜻함

初□ (초보) : 보행 또는 학문 기술 등의 첫걸음 (初 처음 초)

□行 (보행) : 두 다리로 걷는 것 (行 다닐 행)

丨　丨　止　止　牛　步　步

步　步　步

111	服	옷 복

月부 4획
총8획

복

몸을 보호하기 위한 첫 번째가 옷을 입는 것이라는 뜻

洋□ (양복) : 서양식의 옷 (洋 큰바다 양)

校□ (교복) : 학교마다 학생에게 입히는 옷 (校 학교 교)

ノ　刀　月　月　月　服　服　服

服　服　服

112	本	근본 본

木부 1획
총5획

본

나무(木)의 근본은 그 뿌리(一)에 있으며 뿌리는 나무의 기본이 됨을 뜻함

□部 (본부) : 어떤 조직의 중심이 되는 기관 (部 떼 부)

□心 (본심) : 꾸밈이나 거짓이 없는 참마음 (心 마음 심)

一　十　才　木　本

本　本　本

113 **7급** 봉	**奉** 大부 5획 총8획	**받들 봉**

음을 나타내는 泰에서 水를 뺀 부분과 두 손(手)으로 받든다는 뜻을 합하여 '받들다'를 뜻함

□ **養** (봉양) : 부모나 조부모를 받들어 모심 (養 기를 양)

信 □ (신봉) : 사상 · 학설 · 교리 따위를 옳다고 믿고 받듦 (信 믿을 신)

一 二 三 丰 夫 丢 耒 奉

| 奉 | 奉 | 奉 | | | | |

114 **9급** 부	**夫** 大부 1획 총4획	**지아비 부**

상투(一)를 한 늠름한 사내(大), 즉 남자 어른을 뜻함

□ **婦** (부부) : 남편과 아내 (婦 며느리 부)

兄 □ (형부) : 언니의 남편 (兄 형 형)

一 二 丰 夫

| 夫 | 夫 | 夫 | | | | |

115 **9급** 부	**父** 父부 0획 총4획	**아비 부**

회초리(八=爻)를 손(又)에 들고 자식을 가르치는 아버지라는 뜻

□ **子** (부자) : 아버지와 아들 (子 아들 자)

祖 □ (조부) : 할아버지 (祖 할아비 조)

ノ ハ グ 父

| 父 | 父 | 父 | | | | |

116 **8급** 불	**不** 一부 3획 총4획	**아닐 불(부)**

하늘(一)로 높이 날아간 새가 보이지 않는다에서 아니다의 뜻이 됨

□ **信** (불신) : 믿지 아니함 (信 믿을 신)

□ **便** (불편) : 편리하지 않고 거북스러움 (便 편할 편)

一 丆 不 不

| 不 | 不 | 不 | | | | |

| 117 8급 북 | 北 | 북녘 **북**/달아날 배 匕부 3획 총5획 | □ 風 | (북풍) : 북쪽에서 불어오는 바람 (風 바람 풍) |
| 敗 □ | (패배) : 전쟁이나 겨룸에서 짐 (敗 패할 패) |

서로 등지고 있는 모양으로 등진 쪽이 북쪽이며, 등을 돌리는 것은 달아나는 것임을 뜻함

丨 丄 丬 北 北

| 北 | 北 | 北 | | | | | | |

| 118 8급 분 | 分 | 나눌 **분** 刀부 2획 총4획 | □ 野 | (분야) : 어떤 일의 한 부분이나 범위 (野 들 야) |
| □ 校 | (분교) : 본교로부터 따로 나누어 지은 학교 (校 학교 교) |

칼(刀)로 물건을 가르고 나눈다(八)는 뜻

ノ 八 今 分

| 分 | 分 | 分 | | | | | | |

| 119 7급 비 | 比 | 견줄 **비** 比부 0획 총4획 | □ 較 | (비교) : 둘 이상의 것을 견주어 차이나 공통점 등을 살피는 것 (較 비교할 교) |
| □ 等 | (비등) : 견주어 보아 서로 비슷함 (等 무리 등) |

오른쪽으로 향해 두 사람이 나란히 서있는 모양(匕 +匕)을 본떠 만듦

一 ヒ 圵 比

| 比 | 比 | 比 | | | | | | |

| 120 7급 비 | 非 | 아닐 **비** 非부 0획 총8획 | □ 常 | (비상) : 뜻밖의 긴급 사태, 또는 보통이 아님 (常 항상(떳떳할) 상) |
| □ 行 | (비행) : 그릇된 행위. 나쁜 짓 (行 다닐 행) |

새의 좌우로 벌린 날개 모양을 본떠 만든 글자로, 방향이 서로 같지 아니하다는 뜻

ノ ナ ヲ ヲ 非 非 非 非

| 非 | 非 | 非 | | | | | | |

연습문제 3

01-10 다음 한자(漢字)의 음(音)은 무엇입니까?

01 萬 : ①마 ②막 ③망 ④만 ⑤면

02 命 : ①매 ②망 ③명 ④립 ⑤령

03 每 : ①립 ②마 ③매 ④류 ⑤봉

04 物 : ①민 ②문 ③병 ④미 ⑤물

05 放 : ①반 ②박 ③방 ④문 ⑤법

06 美 : ①무 ②목 ③명 ④문 ⑤미

07 奉 : ①봉 ②복 ③부 ④반 ⑤병

08 分 : ①별 ②빈 ③분 ④산 ⑤삼

09 母 : ①매 ②모 ③미 ④부 ⑤분

10 法 : ①복 ②법 ③부 ④묵 ⑤번

11-15 다음의 음(音)을 가진 한자(漢字)는 어느 것입니까?

11 민 : ①民 ②無 ③毛 ④文 ⑤武

12 목 : ①反 ②木 ③放 ④名 ⑤聞

13 불 : ①不 ②服 ③非 ④比 ⑤本

14 명 : ①面 ②夫 ③目 ④名 ⑤北

15 무 : ①保 ②服 ③門 ④半 ⑤無

16-25 다음 한자(漢字)의 뜻은 무엇입니까?

16 面 : ①낯 ②묻 ③마을 ④요금 ⑤지방

17 美 : ①병 ②쌀 ③희다 ④나누다 ⑤아름답다

18 放 : ①밀다 ②굳다 ③놓다 ④막다 ⑤근본

19 半 : ①풀 ②꽃 ③박 ④반 ⑤눈

20 文 : ①호반 ②글월 ③백성 ④나무 ⑤새기다

21 毛 : ①발 ②손 ③목 ④눈 ⑤터럭

22 非 : ①옳다 ②아니다 ③적다 ④기리다 ⑤견주다

23 門 : ① 문　② 글월　③ 듣다
　　　④ 열다　⑤ 닫다

24 兵 : ① 반　② 병사　③ 놓다
　　　④ 치다　⑤ 나누다

25 番 : ① 차례　② 병사　③ 걸음
　　　④ 입다　⑤ 지키다

26-30 다음의 뜻을 가진 한자(漢字)는 어느
　　　　 것입니까?

26 밝다　 : ① 名 ② 萬 ③ 目 ④ 白 ⑤ 明

27 물건　 : ① 民 ② 命 ③ 物 ④ 百 ⑤ 每

28 옷　　 : ① 夫 ② 技 ③ 父 ④ 服 ⑤ 無

29 걸음　 : ① 反 ② 本 ③ 北 ④ 步 ⑤ 不

30 근본　 : ① 病 ② 聞 ③ 法 ④ 本 ⑤ 方

31-45 다음 한자어(漢字語)의 음(音)은
　　　　 무엇입니까?

31 夫婦 : ① 부모　② 무사　③ 고부
　　　　④ 신부　⑤ 부부

32 反對 : ① 문제　② 만사　③ 반대
　　　　④ 면담　⑤ 반성

33 方向 : ① 망명　② 방향　③ 반성
　　　　④ 병사　⑤ 방면

34 保存 : ① 비행　② 부친　③ 보존
　　　　④ 모근　⑤ 보호

35 比較 : ① 비교　② 분교　③ 미모
　　　　④ 보전　⑤ 비중

36 問病 : ① 만족　② 문병　③ 불복
　　　　④ 분명　⑤ 문안

37 番號 : ① 변수　② 본부　③ 번지
　　　　④ 보복　⑤ 번호

38 農民 : ① 농민　② 신문　③ 명분
　　　　④ 문물　⑤ 농촌

39 題目 : ① 재물　② 고백　③ 제목
　　　　④ 정복　⑤ 재산

40 不信 : ① 발전　② 물건　③ 비상
　　　　④ 불신　⑤ 미신

41 無事 : ① 부자　② 무사　③ 보도
　　　　④ 모교　⑤ 유사

42 分明 : ① 신병　② 분명　③ 변방
　　　　④ 부당　⑤ 분방

43 運命 : ① 발령　② 도망　③ 간병
　　　　④ 운전　⑤ 운명

44 作文 : ① 견본　② 작문　③ 임무
　　　　④ 주목　⑤ 작성

45 面談 : ① 상담　② 문답　③ 만발
　　　　④ 명작　⑤ 면담

121	事	일 **사**	□ 實	(사실) : 실제로 있거나 있었던 일 (實 열매 실)
8급 사		J 부 7획 총8획	□ 情	(사정) : 일의 형편이나 그렇게 된 까닭 (情 뜻 정)

사건을 역사의 기록으로 만드는 일은 중요한 일이라는 데서 일을 뜻하게 됨

一 ㄱ ㄲ ㅁ ㅁ 丏 亏 写 事

事	事	事				

122	史	역사 **사**	歷 □	(역사) : 지나온 일이나 기록 (歷 지날 력)
8급 사		□ 부 2획 총5획	國 □	(국사) : 우리 나라의 역사 (國 나라 국)

손(又)이 붓(中)을 들고 역사를 기록한다는 뜻

丨 ㄲ ㅁ 史 史

史	史	史				

123	四	넉 **사**	□ 方	(사방) : 동서남북의 네 방향 (方 모 방)
8급 사		□ 부 2획 총5획	□ 寸	(사촌) : 아버지와 어머니 친형제의 아들이나 딸 (寸 마디 촌)

두 이(二)에 두 이(二)를 합한 글자, 또는 손가락 네개를 펴서 넷을 나타냄

丨 ㄲ 冂 四 四

四	四	四				

124	士	선비 **사**	武 □	(무사) : 무술을 익혀 전쟁에 종사하는 사람 (武 군인(호반) 무)
8급 사		士 부 0획 총3획	名 □	(명사) : 사회에서 이름난 사람 (名 이름 명)

하나를(一) 배우면 열을(十) 깨우치는 사람이라는 데서 선비를 뜻함

一 十 士

士	士	士				

125 **7급** 사	師	**스승 사** 巾부 7획 총10획

제자들이 쌓이듯이(阜) 빙 둘러 있는(巾) 가운데 학문을 가르치는 스승을 뜻함

教□ (교사) : 소정의 자격을 가지고 학생을 가르치거나 돌보는 사람 (教 가르칠 교)

藥□ (약사) : 의사의 처방에 따라 약을 조제하거나 의약품을 파는 사람 (藥 약 약)

´ ⌐ ⌐ ⌐ ⌐ ⌐ ⌐ ⌐ ⌐ 師 師

師 師 師

126 **7급** 사	死	**죽을 사** 歹부 2획 총6획

병든 사람이 뼈만 앙상하더니(歹) 큰 변화(匕)를 일으켜 죽는 것을 나타내 죽다, 죽이다란 뜻이 됨

□ 亡 (사망) : 죽음 (亡 망할 망)

□ 守 (사수) : 죽음을 무릅쓰고 지킴 (守 지킬 수)

一 ⌐ ⌐ ⌐ 歹 死 死

死 死 死

127 **9급** 산	山	**메 산** 山부 0획 총3획

우뚝 솟은 산봉우리의 모습을 본떠 만듦

□ 林 (산림) : 산과 숲 (林 수풀 림)

□ 所 (산소) : 무덤의 높임말 (所 바 소)

丨 凵 山

山 山 山

128 **8급** 삼	三	**석 삼** 一부 2획 총3획

세 손가락을 옆으로 펴거나 나무 젓가락 셋을 옆으로 뉘어 놓은 모양을 나타내어 셋을 뜻함

□ 寸 (삼촌) : 아버지의 형제 (寸 마디 촌)

□ 多島 (삼다도) : 바람, 여자, 돌의 세 가지가 많은 섬이라는 뜻으로, '제주도'를 이르는 말 (多 많을 다) (島 섬 도)

一 二 三

三 三 三

| 129 8급 상 **上** 윗 상 一부 2획 총3획 | 世[ ] (세상) : 사람이 살고 있는 모든 사회를 통틀어 이르는 말 (世 인간 세) |
| | [ ]昇 (상승) : 낮은 데서 위로 올라감 (昇 오를 승) |

물건(卜)이 기준선(一) 위에 있는 것을 나타내어 위의 뜻이 됨

丨 丨 上

| 上 | 上 | 上 | | | | | |

| 130 8급 상 **商** 장사 상 口부 8획 총11획 | [ ]人 (상인) : 장사를 하는 사람 (人 사람 인) |
| | [ ]品 (상품) : 팔고 사는 물건 (品 물건 품) |

亠(언)과 内(내)를 합쳐서 상품을 자세히 설명해서 판다는 뜻이 됨

丶 亠 十 产 产 产 产 商 商 商 商

| 商 | 商 | 商 | | | | | |

| 131 8급 색 **色** 빛 색 色부 0획 총6획 | [ ]素 (색소) : 색깔을 나타내게 하는 본바탕이 되는 물질 (素 본디 소) |
| | 本[ ] (본색) : 본디의 빛깔이나 성질 (本 근본 본) |

사람(人)이 무릎을 꿇으니(巴) 얼굴의 색깔을 잘 알수 있다는 데서 안색 또는 빛깔을 뜻함

丿 ⺈ ⺈ 刍 乸 色

| 色 | 色 | 色 | | | | | |

| 132 8급 생 **生** 날 생 生부 0획 총5획 | [ ]物 (생물) : 살아있는 물체 (物 물건 물) |
| | [ ]日 (생일) : 세상에 태어난 날 (日 날 일) |

씨앗이 싹터 땅(土) 위에 돋아나듯 새 생명을 낳는다는 뜻이 됨

丿 ⺊ 宀 牛 生

| 生 | 生 | 生 | | | | | |

133 8급 서	書	글 서 日부 6획 총10획

붓(聿)으로 글자를 써서, 말(曰)로 해야 할 것을 적은 것이 글, 글씨이며 그 글씨로 쓴 책, 문서라는 뜻

讀 □ (독서) : 책을 읽음 (讀 읽을 독)

□ 面 (서면) : 일정한 내용을 적은 문서 (面 낯 면)

フ ユ ヨ ヨ 聿 圭 書 書 書 書

書 書 書

134 8급 서	西	서녘 서 襾부 0획 총6획

저녁 때 해가 서쪽에 기울어 새가 둥지에 돌아간다는 데서 서녘을 뜻함

□ 洋 (서양) : 유럽과 아메리카주의 여러 나라를 이르는 말 (洋 큰바다 양)

東 □ (동서) : 동쪽과 서쪽 (東 동녘 동)

一 丆 丌 丙 西 西

西 西 西

135 7급 서	序	차례 서 广부 4획 총7획

집(广)을 당겨서 편다(予)라는 뜻을 합해 순서, 차례를 뜻함

□ 論 (서론) : 말이나 글에서 본격적인 논의를 하기위한 실마리가 되는 부분 (論 논할 론)

順 □ (순서) : 정해 놓은 차례 (順 순할 순)

丶 一 广 广 庌 庌 序

序 序 序

136 9급 석	夕	저녁 석 夕부 0획 총3획

해가 저물 무렵의 달이 희미하게 보이는 것을 나타내기 위해 달 월(月)에서 한 획을 줄여 저녁을 뜻함

□ 陽 (석양) : 해질 무렵 (陽 볕 양)

秋 □ (추석) : 우리나라 명절의 하나인 음력 팔월 보름날 (秋 가을 추)

丿 ク 夕

夕 夕 夕

| 137 9급 석 | 石 | 돌 석 石부 0획 총5획 | ☐油 化☐ | (석유) : 땅속에서 천연으로 나는 탄화수소를 주성분으로 하는 가연성 기름 (油 기름 유)
(화석) : 옛날 동물이나 식물이 지층에 묻혀 돌처럼 굳어진 것 (化 될 화) |

언덕 아래 뒹굴고 있는 돌의 모양을 본떠 만듦

一　ｒ　ｙ　石　石

| 石 | 石 | 石 | | | | | | | | |

| 138 7급 선 | 先 | 먼저 선 儿부 4획 총6획 | ☐頭 ☐進國 | (선두) : 첫머리 (頭 머리 두)
(선진국) : 경제와 문화가 앞선 나라 (進 나아갈 진) (國 나라 국) |

세상을 이미 살아 간(生←之) 사람(儿)을 나타내어 먼저, 옛 이전의 뜻이 됨

ノ　ヒ　ヒ　生　步　先

| 先 | 先 | 先 | | | | | | | | |

| 139 7급 선 | 線 | 줄 선 糸부 9획 총15획 | 曲☐ 電☐ | (곡선) : 굽은 선 (曲 굽을 곡)
(전선) : 전기가 통하는 금속선 (電 번개 전) |

실(糸)처럼 샘(泉)이 솟아오른다는 데서 줄을 뜻함

ノ　ｆ　幺　幺　幺　糸　糸　紗　紗　絈　紵　綧　綧　線　線

| 線 | 線 | 線 | | | | | | | | |

| 140 8급 성 | 成 | 이룰 성 戈부 3획 총7획 | ☐功 完☐ | (성공) : 목적하는 바를 이룸 (功 공 공)
(완성) : 완전히 다 이룸 (完 완전할 완) |

무성한(戊) 나무처럼 혈기 왕성한 장정(丁)이 힘써 일을 하여 목적한 바를 이룬다는 뜻

ノ　厂　厂　厃　万　成　成　成

| 成 | 成 | 成 | | | | | | | | |

| 141 **7급** 성 | 城 | 재 성
土부 7획
총10획 | □門 | (성문) : 성의 출입구에 만든 문 (門 문 문) |
| | | | 古□ | (고성) : 옛 성 (古 예 고) |

흙(土)을 높이 쌓아(成) 방벽을 지어 백성을 지킨다는 뜻

一 十 土 圤 圢 圢 圾 城 城 城

城 城 城 | | | | | | |

| 142 **7급** 성 | 性 | 성품 성
忄=心부 5획
총8획 | □格 | (성격) : 개인이 가지고 있는 고유의 성질이나 품성 (格 격식 격) |
| | | | 個□ | (개성) : 개인의 타고난 특유의 성격 (個 낱 개) |

사람의 마음씨(忄)는 태어날(生)때부터 타고난다고 믿었으므로, 타고난 성품, 마음씨라는 뜻이 됨

丶 忄 忄 忄 忄 性 性 性

性 性 性 | | | | | | |

| 143 **8급** 세 | 世 | 인간 세
一부 4획
총5획 | □界 | (세계) : 지구상의 모든 나라. 또는 인류 사회 전체 (界 지경 계) |
| | | | 出□ | (출세) : 사회적으로 높이 되거나 유명해짐 (出 날 출) |

세 개의 十을 이어 삼십 년을 뜻하며, 한 세대를 대략 30년으로 하여 세대를 뜻하기도 함

一 十 丗 丗 世

世 世 世 | | | | | | |

| 144 **8급** 소 | 小 | 작을 소
小부 0획
총3획 | 大□ | (대소) : 크고 작음 (大 큰 대) |
| | | | 弱□ | (약소) : 약하고 작음 (弱 약할 약) |

흩어져있는 작은 낱알의 모양으로 크기가 작다는 뜻임

亅 小 小

小 小 小 | | | | | | |

145 **8급** 소	少	적을 소 小부 1획 총4획

多□ (다소) : 많음과 적음 (多 많을 다)

□年 (소년) : 나이가 어린 사내아이
(年 해 년)

조그만(小) 물건의 일부가 나뉘어져 더욱 적어지는 모양을 본떠 만듦

亅 亅 小 少

少 少 少

146 **7급** 소	所	바 소 戶부 4획 총8획

□感 (소감) : 느낀 바, 또는 느낀 바의 생각 (感 느낄 감)

場□ (장소) : 무엇이 있거나 무엇이 벌어지거나 하는 곳 (場 마당 장)

조금 열린 문(戶)의 틈새가 도끼(斤)로 찍은 자국처럼 보인다는 뜻으로 곳을 뜻함

丶 亅 丬 戶 戶 所 所 所

所 所 所

147 **7급** 소	消	사라질 소 氵=水부 7획 총10획

□火 (소화) : 불을 끔 (火 불 화)

□滅 (소멸) : 사라져 없어지거나, 또는 흔적이 남지 않도록 없앰 (滅 멸할 멸)

물(氵=水)이 줄어들어 쇠하여 사라졌다(肖)는 뜻의 글자임

丶 丶 氵 氵 氵 氵 氵 消 消 消

消 消 消

148 **7급** 소	素	본디 소 糸부 4획 총10획

□材 (소재) : 어떤 것을 만드는데 바탕이 되는 재료 (材 재목 재)

要□ (요소) : 어떤 일에 꼭 필요한 성분 (要 요긴할 요)

깨끗이 빨아놓은(垂) 흰 명주실(糸)의 뜻이 물건의 시초, 근본, 바탕을 의미하게 됨

一 二 十 主 圭 圭 圭 素 素 素

素 素 素

149 **7급** 속	俗	**풍속 속** 亻=人부 7획 총9획

사람(人)이 모인 골짜기(谷)에 풍속이 생기고 사람의 욕심이 생김을 뜻함

民☐ (민속) : 민간의 풍속 (民 백성 민)

☐語 (속어) : 통속적으로 쓰이는 저속한 말 (語 말씀 어)

丿 亻 亻 亻 仴 伀 伀 俗 俗

俗 俗 俗

150 **9급** 수	手	**손 수** 手부 0획 총4획

다섯 손가락이 다 펴있는 손과 손목의 모양을 본떠 만듦

☐話 (수화) : 몸짓이나 손짓으로 표현하는 의사 전달 방법 (話 말씀 화)

失☐ (실수) : 부주의로 잘못을 저지름, 또는 그 잘못 (失 잃을 실)

丿 二 三 手

手 手 手

151 **9급** 수	水	**물 수** 水부 0획 총4획

강물이나 시냇물이 흐르고 있는 모양을 본떠 만듦

生☐ (생수) : 샘에서 솟아 나오는 맑은 물 (生 날 생)

防☐ (방수) : 물이 스며들거나 넘치는 것을 막음 (防 막을 방)

亅 기 水 水

水 水 水

152 **7급** 습	習	**익힐 습** 羽부 5획 총11획

새기 날개(羽)를 퍼드덕거려 제 스스로(自一白) 날기를 연습하여 익힘을 뜻함

實☐ (실습) : 배운 이론을 토대로 실지로 해 봄 (實 열매 실)

學☐ (학습) : 배워서 익힘 (學 배울 학)

기 기 羽 羽 羽 羽 羽 羽 習 習 習

習 習 習

153
8급
시
市
시장 시
巾부 2획
총5획

나들이 옷(巾)을 입고 사람들이 모인 곳에 가는데 (之) 그렇게 가는 곳이 저자, 시장이라는 뜻임

一 亠 广 方 市

☐内 (시내) : 도시의 안쪽 (內 안 내)

都☐ (도시) : 사람이 많이 모여 사는 번화한 곳 (都 도읍 도)

154
8급
시
示
보일 시
示부 0획
총5획

제물을 차려 놓은 제단의 모양을 본떠 만듦으로 제물을 신에게 보여 준다는 뜻임

一 二 亍 示 示

明☐ (명시) : 똑똑히 드러내어 보임. 분명하게 가리킴 (明 밝을 명)

公☐ (공시) : 일정한 내용을 공개적으로 게시하여 일반에게 널리 알림, 또는 그렇게 알리는 글 (公 공평할 공)

155
7급
시
始
비로소 시
女부 5획
총8획

여자(女)가 아이를 잉태하여 태아를 기르는(台)일이 시초라는 데서 비로소, 처음을 뜻함

く 女 女 女 妒 妒 始 始

☐作 (시작) : 하기를 시작함. 처음으로 함 (作 지을 작)

開☐ (개시) : 처음으로 시작함 (開 열 개)

156
7급
시
時
때 시
日부 6획
총10획

해(日)가 뜨고 지는 것은 일정한 규칙(寺)이 있다는 뜻이 때, 철을 의미하게 됨

丨 冂 日 日 日一 日十 旷 旷 時 時

☐間 (시간) : 어떤 시각에서 다른 시각까지의 동안 또는 그 길이 (間 사이 간)

☐代 (시대) : 일정한 기준에 의하여 구분된 기간 (代 대신 대)

157 **7급** 시	詩	**시 시** 言부 6획 총13획

말(言)이나 글을 글자 수나 운율 등에 맞게 규칙적(寺)으로 쓴 시를 뜻함

☐ 人 (시인) : 시를 짓는 사람 (人 사람 인)

☐ 集 (시집) : 여러 편의 시를 모아 엮은 책 (集 모을 집)

`丶 亠 亠 言 言 言 言 計 詩 詩 詩 詩 詩`

詩	詩	詩						

158 **8급** 식	食	**밥 식** 食부 0획 총9획

사람(人)은 본능적으로 먹는 것을 좋아하며(良) 그렇게 즐겨먹는 것이 밥임을 뜻함

☐ 口 (식구) : 같은 집에서 끼니를 함께 하며 사는 사람 (口 입 구)

☐ 事 (식사) : 음식을 먹는 일 (事 일 사)

`丿 人 人 今 今 今 食 食 食`

食	食	食						

159 **9급** 신	身	**몸 신** 身부 0획 총7획

임신하여 배가 불룩해진 여자의 모습을 본떠 만듦

☐ 體 (신체) : 사람의 몸 (體 몸 체)

☐ 世 (신세) : 사람의 처지나 형편. 남으로부터 도움을 받거나 남에게 괴로움을 끼치는 일 (世 인간 세)

`丿 亻 亇 亇 自 身 身`

身	身	身						

160 **8급** 신	臣	**신하 신** 臣부 0획 총6획

크게 눈을 뜬 모양에서 신과 임금을 섬기는 사람이라는 뜻이 됨

忠 ☐ (충신) : 충성을 다하는 신하 (忠 충성 충)

☐ 下 (신하) : 임금을 섬기면서 벼슬을 하는 자리에 있는 사람 (下 아래 하)

`一 丆 丆 正 臣 臣`

臣	臣	臣						

 연습문제

01-10 다음 한자(漢字)의 음(音)은 무엇입니까?

01 師：①비 ②수 ③빈 ④석 ⑤사

02 色：①상 ②색 ③선 ④삼 ⑤산

03 序：①상 ②서 ③석 ④선 ⑤삼

04 線：①생 ②살 ③설 ④선 ⑤소

05 素：①소 ②속 ③성 ④세 ⑤수

06 俗：①성 ②설 ③속 ④소 ⑤석

07 食：①십 ②선 ③신 ④심 ⑤식

08 史：①새 ②비 ③사 ④상 ⑤습

09 生：①상 ②새 ③생 ④성 ⑤식

10 世：①새 ②설 ③신 ④상 ⑤세

11-15 다음의 음(音)을 가진 한자(漢字)는
어느 것입니까?

11 서：①士 ②西 ③性 ④先 ⑤山

12 석：①書 ②三 ③小 ④詩 ⑤夕

13 수：①時 ②示 ③手 ④臣 ⑤死

14 성：①先 ②石 ③商 ④城 ⑤少

15 시：①身 ②市 ③所 ④成 ⑤習

16-25 다음 한자(漢字)의 뜻은 무엇입니까?

16 事：①낮 ②일 ③힘쓰다
④애쓰다 ⑤익히다

17 成：①메 ②성 ③정성
④소리 ⑤이루다

18 習：①날다 ②쓰다 ③익히다
④말하다 ⑤이르다

19 身：①몸 ②집 ③아이
④전체 ⑤먼저

20 士：①사기 ②스승 ③죽다
④선비 ⑤풍속

21 商：①위 ②팔다 ③장사
④먼저 ⑤본디

22 性：①재 ②인간 ③나다
④성품 ⑤이성

23 所 : ① 바   ② 빛   ③ 적다
        ④ 본디   ⑤ 사라지다

24 示 : ① 때   ② 시   ③ 저자
        ④ 작다   ⑤ 보이다

25 臣 : ① 몸   ② 신하   ③ 풍속
        ④ 저녁   ⑤ 임금

26-30 다음의 뜻을 가진 한자(漢字)는 어느 것입니까?

26 먼저   : ① 先 ② 西 ③ 書 ④ 生 ⑤ 上

27 적다   : ① 少 ② 消 ③ 素 ④ 小 ⑤ 師

28 시   : ① 山 ② 四 ③ 習 ④ 詩 ⑤ 俗

29 돌   : ① 水 ② 城 ③ 山 ④ 石 ⑤ 世

30 비로소 : ① 色 ② 線 ③ 始 ④ 時 ⑤ 死

31-45 다음 한자어(漢字語)의 음(音)은 무엇입니까?

31 事實 : ① 소질   ② 세계   ③ 사수
        ④ 서식   ⑤ 사실

32 歷史 : ① 역사   ② 운수   ③ 독서
        ④ 요소   ⑤ 청사

33 教師 : ① 감소   ② 양서   ③ 교수
        ④ 교사   ⑤ 장수

34 死亡 : ① 소망   ② 서문   ③ 사망
        ④ 시정   ⑤ 멸망

35 商人 : ① 사신   ② 승진   ③ 상인
        ④ 성인   ⑤ 송인

36 生物 : ① 송별   ② 건물   ③ 상생
        ④ 성장   ⑤ 생물

37 讀書 : ① 독서   ② 독립   ③ 도시
        ④ 의사   ⑤ 양서

38 先頭 : ① 산업   ② 생산   ③ 서두
        ④ 선두   ⑤ 가두

39 成功 : ① 생명   ② 상대   ③ 중력
        ④ 성공   ⑤ 성취

40 性格 : ① 정상   ② 생산   ③ 성격
        ④ 적격   ⑤ 성공

41 素材 : ① 주제   ② 사고   ③ 소재
        ④ 수재   ⑤ 주재

42 學習 : ① 자율   ② 학습   ③ 사업
        ④ 학력   ⑤ 자습

43 明示 : ① 시사   ② 선수   ③ 번지
        ④ 암시   ⑤ 명시

44 食口 : ① 제목   ② 식구   ③ 습관
        ④ 문구   ⑤ 입구

45 身體 : ① 신체   ② 이용   ③ 정체
        ④ 물체   ⑤ 기체

| 161 7급 신 | 信 | 믿을 신
亻=人부 7획
총9획 | ☐ 用 | (신용) : 믿고 씀. 의심하지 않음
(用 쓸 용) |
| | | | ☐ 念 | (신념) : 변하지 않은 굳은 생각
(念 생각 념) |

사람(亻=人)의 말(言)이란 뜻으로 하는 말에는 진실
하고 믿음이 있어야 함을 의미함

丿 亻 亻 亻 亻 信 信 信 信

信　信　信

| 162 7급 신 | 神 | 귀신 신
示부 5획
총10획 | 精 ☐ | (정신) : 마음이나 생각 (精 정할 정) |
| | | | 失 ☐ | (실신) : 정신을 잃음 (失 잃을 실) |

번갯불(申)처럼 천체의 변화를 보여주는(示) 것은
귀신임을 뜻함

一 亍 亍 示 示 礻 和 和 祖 神

神　神　神

| 163 8급 실 | 失 | 잃을 실
大부 2획
총5획 | ☐ 望 | (실망) : 희망을 잃음 (望 바랄 망) |
| | | | ☐ 禮 | (실례) : 언행이 예의에서 벗어남,
또는 그런 언행 (禮 예도 례) |

손(手)에서 물건 등이 떨어져 나가다(乙), 그래서 잃
게 된다는 뜻임

丿 ㇒ ㇐ 失 失

失　失　失

| 164 7급 실 | 室 | 집 실
宀부 6획
총9획 | ☐ 內 | (실내) : 방 안 또는 집 안 (內 안 내) |
| | | | 別 ☐ | (별실) : 특별히 따로 마련한 방 (別
다를 별) |

사람이 이르러(至) 사는 곳(宀)이라는 뜻으로 堂
(당)이 바깥채인 반면 室(실)은 안쪽의 방을 말함

丶 丶 宀 宀 宀 宛 室 室 室

室　室　室

165	實	열매 실
7급 실		宀부 11획 총14획

집(宀)에 돈(貫)이 가득하듯이 잘 익은 열매 또는 사실, 실제라는 뜻이 됨

☐ 行	(실행) : 실제로 행함 (行 다닐 행)
果 ☐	(과실) : 먹을 수 있는 나무의 열매 (果 실과 과)

丶 宀 宀 宀 宀 宀 宙 宙 宙 宙 宙 宙 宙 實 實

實 實 實

166	心	마음 심
9급 심		心부 0획 총4획

사람의 심장 모양을 본떠 만듦

☐ 性	(심성) : 본디부터 타고난 마음씨 (性 성품 성)
☐ 理	(심리) : 마음의 작용과 의식의 상태 (理 다스릴 리)

丶 心 心 心

心 心 心

167	十	열 십
8급 십		十부 0획 총2획

두 손을 교차하게 하여 합친 모양을 나타내어 열을 뜻함

☐ 年	(십년) : 10년 (年 해 년)
☐ 長生	(십장생) : 죽지 않고 산다는 10가지(해, 산, 물, 돌, 구름, 소나무, 불로초, 거북, 학, 사슴) (長 길 장) (生 날 생)

一 十

十 十 十

168	兒	아이 아
9급 아		儿부 6획 총8획

젖먹이 아이의 머리뼈(臼)와 이를 강조하여 그린 사람의 모습으로 이가 다시 날 때쯤의 아이를 뜻함

☐ 童	(아동) : 어린 아이 (童 아이 동)
産 ☐	(산아) : 아이를 낳음 (産 낳을 산)

丶 丶 丶 臼 臼 臼 臾 兒

兒 兒 兒

169 7급 안	安	편안 안 宀부 3획 총6획

집(宀)에 여자(女)가 있어야 편안하다는 것을 뜻함

□心 (안심) : 근심, 걱정이 없이 마음이 편안함 (心 마음 심)

□全 (안전) : 편안하여 어긋남이나 위험이 없음 (全 온전할 전)

丶丶宀宀安安

安 安 安

170 7급 안	案	책상 안 木부 6획 총10획

나무(木)로 만들어서 안정(安)되게 해놓은 것, 즉 책상을 뜻함

□内 (안내) : 인도하여 일러줌 (内 안 내)

答□ (답안) : 시험 문제의 해답이나 그 해답을 쓴 종이 (答 대답 답)

丶丶宀宀安安安安案案

案 案 案

171 7급 야	野	들 야 里부 4획 총11획

마을(里)에서 멀리 떨어진(予) 곳 즉, 사람이 없는 도시 언저리의 들판을 뜻함

□生 (야생) : 동식물이 산이나 들에서 절로 나고 자람, 또는 그런 동식물 (生 날 생)

山□ (산야) : 산과 들 (山 메 산)

丨口曰曰里里野野野

野 野 野

172 7급 약	約	약속할 약 糸부 3획 총9획

다른 것과 구분되게(勺) 실(糸)로 단단히 '묶다'에서 '맺다'의 뜻이 됨

□束 (약속) : 언약하여 정하거나 그렇게 언약한 내용 (束 묶을 속)

期□ (기약) : 때를 정하여 약속함 (期 기약할 기)

幺幺幺幺糸糸約約

約 約 約

173	藥	약 약	□ 水	(약수) : 먹어서 약이 된다는 샘물 (水 물 수)
7급 약		++=艸부 15획 총19획	火 □	(화약) : 충격이나 열 따위를 가하면 폭발하는 물질 (火 불 화)

약초(++=艸)로 만든 낱알의 약을 뜻하였으나 나중에는 모든 약을 뜻하게 됨

丶 一 十 卄 艹 艹 艼 䒑 首 莇 䕅 萪 藥 藥 藥 藥 藥 藥 藥

藥	藥	藥						

174	羊	양 양	□ 毛	(양모) : 양 털 (毛 터럭 모)
9급 양		羊부 0획 총6획	山 □	(산양) : 산악 지대에 사는 소과의 동물 (山 메 산)

양의 머리를 본떠 만듦

丶 丷 丷 亝 亖 羊

羊	羊	羊						

175	兩	두 양	□ 家	(양가) : 양편의 집 (家 집 가)
7급 양		入부 6획 총8획	□ 立	(양립) : 두 개의 것이 동시에 지장 없이 존재함 (立 설 립)

저울추 두 개가 나란히 매달려 있는 모양을 본떠 만듦. 둘 또는 한 쌍을 뜻함

一 冂 冂 币 兩 兩 兩 兩

兩	兩	兩						

176	洋	큰바다 양	海 □	(해양) : 크고 넓은 바다 (海 바다 해)
7급 양		氵=水부 6획 총9획	遠 □	(원양) : 뭍에서 멀리 떨어진 넓은 바다 (遠 멀 원)

강물(氵=水)이 모여 크게 되어지는(羊) 것이 바다임을 뜻함

丶 丶 氵 氵 浐 浐 浐 洋 洋

洋	洋	洋						

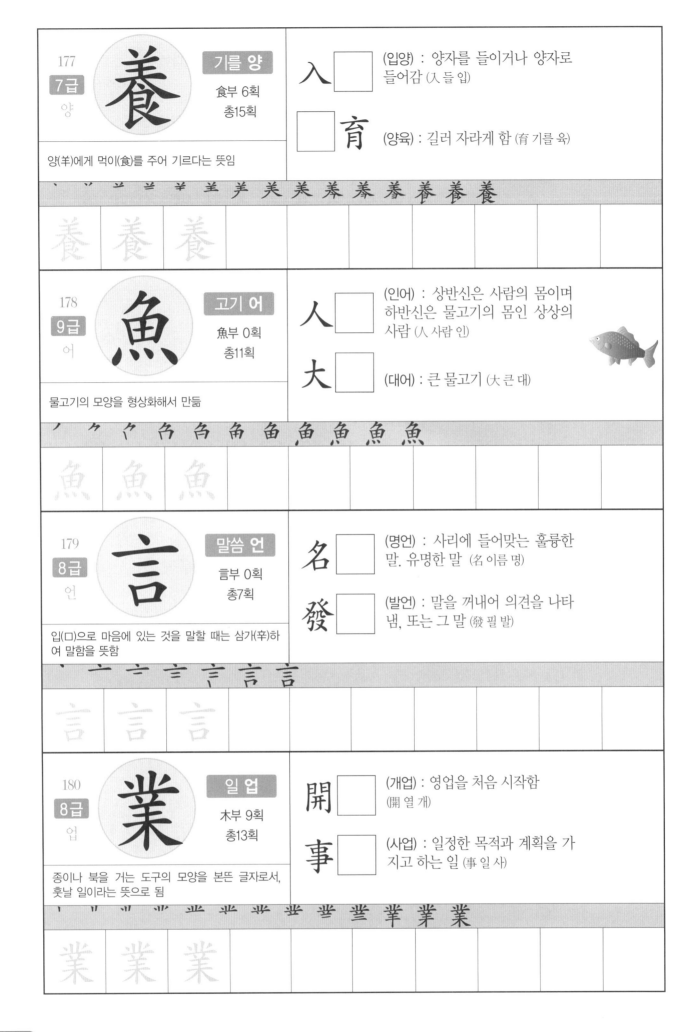

| 177 7급 양 | 養 | 기를 양 食부 6획 총15획 | 入 [ ] | (입양) : 양자를 들이거나 양자로 들어감 (入 들 입) |
| | | | [ ] 育 | (양육) : 길러 자라게 함 (育 기를 육) |

양(羊)에게 먹이(食)를 주어 기르다는 뜻임

` ´ ⺍ ⺌ ¥ 羊 芏 羙 美 恙 恙 恙 養 養 養

| 178 9급 어 | 魚 | 고기 어 魚부 0획 총11획 | 人 [ ] | (인어) : 상반신은 사람의 몸이며 하반신은 물고기의 몸인 상상의 사람 (人 사람 인) |
| | | | 大 [ ] | (대어) : 큰 물고기 (大 큰 대) |

물고기의 모양을 형상화해서 만듦

丿 ⺆ ⺈ ⺈ 弁 色 鱼 魚 魚 魚 魚

| 179 8급 언 | 言 | 말씀 언 言부 0획 총7획 | 名 [ ] | (명언) : 사리에 들어맞는 훌륭한 말. 유명한 말 (名 이름 명) |
| | | | 發 [ ] | (발언) : 말을 꺼내어 의견을 나타 냄, 또는 그 말 (發 필 발) |

입(口)으로 마음에 있는 것을 말할 때는 삼가(辛)하 여 말함을 뜻함

` ㄴ ㅗ 亖 言 言 言

| 180 8급 업 | 業 | 일 업 木부 9획 총13획 | 開 [ ] | (개업) : 영업을 처음 시작함 (開 열 개) |
| | | | 事 [ ] | (사업) : 일정한 목적과 계획을 가 지고 하는 일 (事 일 사) |

종이나 북을 거는 도구의 모양을 본뜬 글자로서, 훗날 일이라는 뜻으로 됨

丨 丬 ⺌ 业 业 业 业 业 丵 丵 丵 業

181	熱	더울 **열**			

181
7급
열

熱

더울 **열**

灬=火부 11획
총15획

불(灬=火)의 기운이 세고 좋으니 덥다는 뜻임

□ 望 (열망) : 열심히 바람. 간절히 바람 (望 바랄 망)

□ 心 (열심) : 한 가지 사물에 모든 마음을 기울임. 어떤 일에 골몰함 (心 마음 심)

一 十 土 土 圥 圥 坴 坴 刲 執 執 執 執 熱 熱

熱 熱 熱

182
8급
오

五

다섯 **오**

二부 2획
총4획

숫자를 세기 위해 늘어뜨려 놓은 선의 모양을 본떠 만듦

□ 色 (오색) : 다섯 가지의 빛깔(파랑, 빨강, 노랑, 하양, 검정), 또는 여러 가지 빛깔 (色 빛 색)

□ 福 (오복) : 다섯 가지의 복, 즉 수(壽), 부(富), 강녕(康寧), 유호덕(攸好德), 고종명(考終命)를 말함 (福 복 복)

一 丆 五 五

五 五 五

183
8급
오

午

낮 **오**

十부 2획
총4획

절굿공이를 바로 세운 모양을 본떠 만든 막대를 꽂아 한낮임을 알았다는 데서 낮을 뜻함

□ 前 (오전) : 밤 12시로부터 낮 12시까지의 사이 (前 앞 전)

正 □ (정오) : 낮 12시 (正 바를 정)

丿 亻 二 午

午 午 午

184
9급
옥

玉

구슬 **옥**

玉부 0획
총5획

세 개의 구슬을 끈으로 꿴 모양을 형상화해서 만듦

白 □ (백옥) : 빛깔이 하얀 옥 (白 흰 백)

□ 體 (옥체) : 편지글 등에서 남을 높이어 그 몸을 이르는 말 (體 몸 체)

一 二 于 王 玉

玉 玉 玉

| 185 9급 왕 | 王 | 임금 왕
王=玉부 0획
총4획 | | 國 | (왕국) : 임금이 다스리는 나라
(國 나라 국) |  |
| 하늘과(一) 땅과(一) 사람을(一) 모두 꿰뚫어(丨) 다스리는 지배자가 왕이라는 뜻임 | | | | 道 | (왕도) : 임금으로서 마땅히 지켜야 할 도리 (道 길 도) | |

一 二 三 王

| 王 | 王 | 王 | | | | | | |

| 186 8급 외 | 外 | 바깥 외
夕부 2획
총5획 | | 國 | (외국) : 자기 나라 이외의 다른 나라 (國 나라 국) |
| 아침이 아닌 저녁(夕)에 점(卜)을 보는 것은 관례에 맞지 않는다는 뜻으로 밖이라는 뜻임 | | | | 出 | (외출) : 바깥으로 나감 (出 날 출) |

丿 ク タ 列 外

| 外 | 外 | 外 | | | | | | |

| 187 7급 요 | 要 | 요긴할 요
襾부 3획
총9획 | | 重 ☐ | (중요) : 소중하고 요긴함
(重 무거울 중) |
| 여자(女)가 허리에 양손을 걸치고 있는 모양을 본뜬 글자로, 허리가 중요한 부분이라는 데서 중요함을 뜻함 | | | | 必 ☐ | (필요) : 꼭 소용이 있음
(必 반드시 필) |

一 一 一 一 西 西 西 要 要 要

| 要 | 要 | 要 | | | | | | |

| 188 8급 용 | 容 | 얼굴 용
宀부 7획
총10획 | | 美 ☐ | (미용) : 얼굴이나 머리를 매만져 아름답게 함 (美 아름다울 미) |
| 큰 집(宀)과 골짜기(谷)에는 많은 사람들의 얼굴이 있음을 뜻함 | | | | 内 ☐ | (내용) : 어떤 일의 속내를 이루는 것 (內 안 내) |

丶 丷 宀 宀 宂 宛 突 突 容 容

| 容 | 容 | 容 | | | | | | |

189 **8급** 용	用	**쓸 용** 用부 0획 총5획	利☐ (이용) : 물건을 이롭게 쓰거나 쓸 모 있게 씀 (利 이로울 리) 共☐ (공용) : 공통으로 씀 (共 함께 공)

집을 둘러싸는 나무 울타리의 모양을 본떠 만듦

丿 冂 月 月 用

用	用	用						

190 **9급** 우	牛	**소 우** 牛부 0획 총4획	韓☐ (한우) : 한국 소 (韓 한국 한) ☐乳 (우유) : 소의 젖 (乳 젖 유)

소의 머리 모양을 본떠 만듦

丿 𠂉 二 牛

牛	牛	牛						

191 **9급** 우	雨	**비 우** 雨부 0획 총8획	☐天 (우천) : 비가 오는 날씨 (天 하늘 천) ☐期 (우기) : 일 년 중에 비가 많이 오 는 시기 (期 기약할 기)

하늘에서 떨어지는 빗물과 빗방울의 모양을 본떠 만듦

一 ㄱ 冂 币 币 雨 雨 雨

雨	雨	雨						

192 **7급** 우	友	**벗 우** 又부 2획 총4획	☐情 (우정) : 친구 사이의 정 (情 뜻 정) ☐軍 (우군) : 자기와 같은 편인 군대 (軍 군사 군)

친한 친구끼리 손(又←手)과 손(手)을 맞잡고 친하 게 지낸다하여 벗 또는 친구를 뜻함

一 ナ 方 友

友	友	友						

| 193 7급 운 雲 | 구름 운 雨부 4획 총12획 | 白☐ | (백운) : 흰 구름 (白 흰 백) |
| | | ☐集 | (운집) : 구름처럼 많이 모임 (集 모을 집) |

비(雨)가 올 때 하늘을 어둡게 덮어주는(云) 것이 구름이라는 뜻임

一 厂 厂 币 帀 示 示 示 雪 雪 雪 雲 雲

雲　雲　雲

| 194 8급 원 元 | 으뜸 원 儿부 2획 총4획 | ☐祖 | (원조) : 어떤 일을 처음 시작한 사람 (祖 할아비 조) |
| | | ☐年 | (원년) : 어떤 일이 처음으로 시작되는 해 (年 해 년) |

어진 사람(儿)보다 더 위(二=上)에 것이 바로 세상에서 으뜸이라는 뜻임

一 二 テ 元

元　元　元

| 195 8급 원 原 | 언덕 원 厂부 8획 총10획 | ☐因 | (원인) : 무슨 일이 일어난 까닭 (因 인할 인) |
| | | 草☐ | (초원) : 풀로 뒤덮인 들판 (草 풀 초) |

굴 바위(厂)틈과 땅에서 나오는 샘물(泉)이 큰 강물의 근본이며, 그 강물이 흘러가는 곳이 들판임을 뜻함

一 厂 厂 厂 厏 历 厉 盾 原 原 原

原　原　原

| 196 9급 월 月 | 달 월 月부 0획 총4획 | 正☐ | (정월) : 일 년 중의 첫째 달 (正 바를 정) |
| | | ☐給 | (월급) : 일한 삯으로 다달이 받는 돈 (給 줄 급) |

차고 이지러짐이 있는 달의 모양을 형상화해서 만듦

丿 冂 月 月

月　月　月

197 8급 위 位	자리 위 亻=人부 5획 총7획	地□ (지위) : 개인의 사회적인 신분에 따르는 어떠한 자리나 계급 (地 땅 지)

位

훌륭한 사람이(亻=人) 줄지어 서 있는(立) 것을 뜻함

方□ (방위) : 동서남북을 기준으로 하여 정한 방향 (方 모 방)

ノ 亻 亻 亻 什 位 位

位　位　位

---

198 8급 유 有	있을 유 月부 2획 총6획	所□ (소유) : 자기 것으로 가지고 있음 (所 바 소)

손에(又←手) 고기(月←肉)를 가지고 있는 것을 뜻함

□能 (유능) : 능력이 있음 (能 능할 능)

ノ 𠂇 ナ 冇 有 有

有　有　有

---

199 8급 유 由	말미암을 유 田부 0획 총5획	理□ (이유) : 까닭 (理 다스릴 리)

바닥이 깊고 끝이 오므라진 술 단지의 모양을 본떠 만듦으로서 '말미암다'를 뜻함

□來 (유래) : 어떤 일이 거쳐온 내력 (來 올 래)

丨 冂 曰 由 由

由　由　由

---

200 8급 육 六	여섯 육 八부 2획 총4획	□角形 (육각형) : 여섯 개의 직선으로 된 평면 도형 (角 뿔 각) (形 형상 형)

두 손 모두 손가락 세 개를 밑으로 편 모양을 나타내어 여섯을 뜻함

□寸 (육촌) : 사촌의 아들이나 딸 사이의 촌수 (寸 마디 촌)

丶 一 六 六

六　六　六

 연습문제

01-10 다음 한자(漢字)의 음(音)은 무엇입니까?

01 神 : ①실 ②안 ③암 ④시 ⑤신

02 失 : ①식 ②실 ③야 ④애 ⑤십

03 養 : ①예 ②영 ③엽 ④양 ⑤약

04 原 : ①우 ②원 ③운 ④용 ⑤윤

05 用 : ①요 ②왕 ③오 ④운 ⑤용

06 元 : ①유 ②월 ③위 ④요 ⑤원

07 信 : ①심 ②신 ③실 ④십 ⑤식

08 案 : ①안 ②야 ③오 ④악 ⑤옥

09 熱 : ①심 ②업 ③열 ④요 ⑤실

10 雲 : ①원 ②유 ③위 ④용 ⑤운

11-15 다음의 음(音)을 가진 한자(漢字)는 어느 것입니까?

11 야 : ①室 ②身 ③野 ④兩 ⑤實

12 아 : ①臣 ②兒 ③信 ④失 ⑤安

13 오 : ①約 ②羊 ③由 ④魚 ⑤午

14 언 : ①牛 ②藥 ③言 ④業 ⑤玉

15 위 : ①雨 ②位 ③外 ④有 ⑤容

16-25 다음 한자(漢字)의 뜻은 무엇입니까?

16 實 : ①뿌리 ②줄기 ③열매 ④나무 ⑤언덕

17 安 : ①편안 ②불안 ③불행 ④행복 ⑤임금

18 外 : ①안 ②내외 ③바깥 ④나가다 ⑤큰바다

19 要 : ①묻다 ②얼굴 ③두르다 ④무겁다 ⑤요긴하다

20 友 : ①비 ②벗 ③옷 ④손 ⑤소

21 業 : ①일 ②위 ③남녘 ④익히다 ⑤오른쪽

22 有 : ①없다 ②자리 ③언덕 ④으뜸 ⑤있다

23 容 : ① 낯　② 얼굴　③ 머리　④ 임금　⑤ 구슬

24 雨 : ① 비　② 눈　③ 안개　④ 구름　⑤ 바람

25 洋 : ① 양　② 호수　③ 비늘　④ 고기　⑤ 큰바다

26-30 다음의 뜻을 가진 한자(漢字)는 어느 것입니까?

26 집　: ① 室 ② 十 ③ 心 ④ 食 ⑤ 六

27 아이　: ① 兒 ② 臣 ③ 實 ④ 玉 ⑤ 野

28 말미암다 : ① 元 ② 雲 ③ 原 ④ 由 ⑤ 用

29 약속하다 : ① 藥 ② 養 ③ 要 ④ 約 ⑤ 牛

30 마음　: ① 神 ② 失 ③ 信 ④ 熱 ⑤ 心

31-45 다음 한자어(漢字語)의 음(音)은 무엇입니까?

31 信用 : ① 적용　② 언행　③ 심성　④ 전설　⑤ 신용

32 實行 : ① 절망　② 실행　③ 다행　④ 시행　⑤ 실망

33 心性 : ① 반성　② 신념　③ 작심　④ 심성　⑤ 적성

34 安全 : ① 오점　② 안전　③ 언론　④ 운전　⑤ 안보

35 約束 : ① 약속　② 악명　③ 애착　④ 세속　⑤ 약식

36 海洋 : ① 매회　② 이용　③ 번영　④ 해양　⑤ 해발

37 事業 : ① 번영　② 대안　③ 사업　④ 자연　⑤ 실업

38 外國 : ① 외출　② 우애　③ 위치　④ 오전　⑤ 외국

39 重要 : ① 정오　② 소유　③ 지위　④ 중요　⑤ 주요

40 內容 : ① 공원　② 행운　③ 필요　④ 내용　⑤ 관용

41 友情 : ① 유래　② 우정　③ 위력　④ 의지　⑤ 우애

42 原因 : ① 월급　② 운동　③ 요인　④ 원인　⑤ 생인

43 地位 : ① 지원　② 기인　③ 지위　④ 자유　⑤ 지정

44 有能 : ① 유래　② 인용　③ 요령　④ 이동　⑤ 유능

45 理由 : ① 사용　② 주요　③ 교외　④ 이유　⑤ 이상

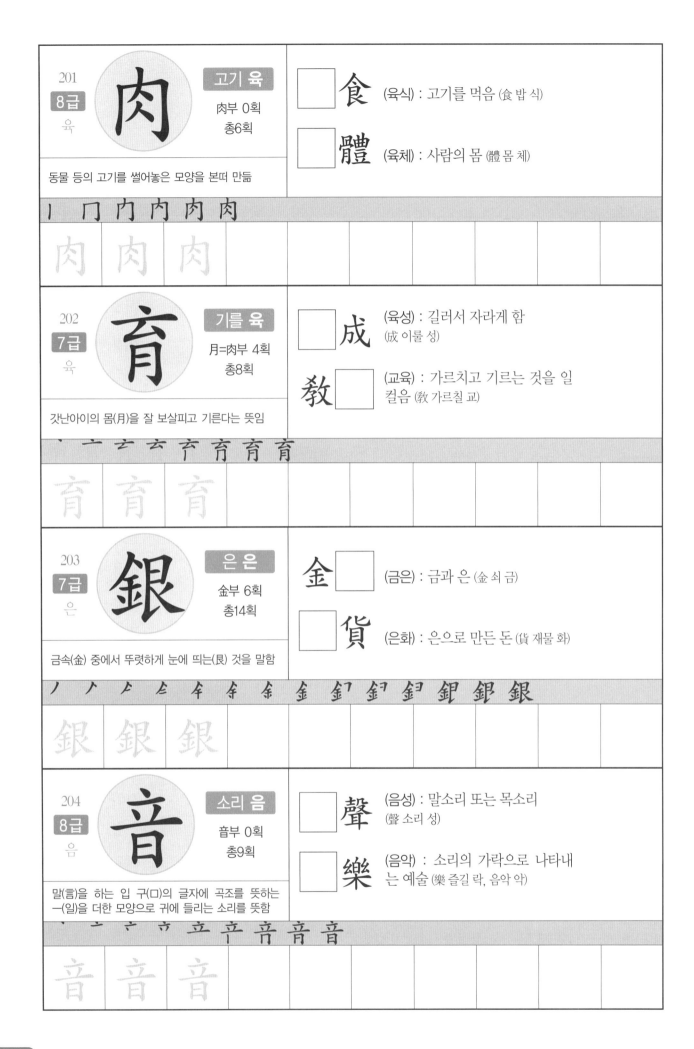

201 8급 육	肉	고기 육 肉부 0획 총6획

동물 등의 고기를 썰어놓은 모양을 본떠 만듦

☐ 食 (육식) : 고기를 먹음 (食 밥 식)

☐ 體 (육체) : 사람의 몸 (體 몸 체)

丿 冂 內 內 肉 肉

202 7급 육	育	기를 육 月=肉부 4획 총8획

갓난아이의 몸(月)을 잘 보살피고 기른다는 뜻임

☐ 成 (육성) : 길러서 자라게 함 (成 이룰 성)

敎 ☐ (교육) : 가르치고 기르는 것을 일컬음 (敎 가르칠 교)

丶 亠 宀 玄 云 育 育 育

203 7급 은	銀	은 은 金부 6획 총14획

금속(金) 중에서 뚜렷하게 눈에 띄는(艮) 것을 말함

金 ☐ (금은) : 금과 은 (金 쇠 금)

☐ 貨 (은화) : 은으로 만든 돈 (貨 재물 화)

丿 𠂆 𠂇 𠂈 𠂉 𠂎 全 金 釒 釘 鈤 鈤 鈤 銀

204 8급 음	音	소리 음 音부 0획 총9획

말(言)을 하는 입 구(口)의 글자에 곡조를 뜻하는 一(일)을 더한 모양으로 귀에 들리는 소리를 뜻함

☐ 聲 (음성) : 말소리 또는 목소리 (聲 소리 성)

☐ 樂 (음악) : 소리의 가락으로 나타내는 예술 (樂 즐길 락, 음악 악)

丶 亠 宀 立 立 产 音 音 音

205 8급 읍	邑	고을 읍	邑부 0획 총7획

큰 벽돌로 둘러싸인(口) 곳에서 무릎 꿇고(巴) 있는 백성이 많은 곳이 고을이라는 뜻임

都☐ (도읍) : 한 나라의 수도 (都 도읍 도)

☐内 (읍내) : 읍의 구역 안 (内 안 내)

丨 冂 冂 早 吊 吊 邑

邑	邑	邑							

206 9급 의	衣	옷 의	衣부 0획 총6획

상반신의 옷을 입고 깃을 여민 모양을 본떠 만듦

内☐ (내의) : 안에 입는 옷으로 속옷이나 내복 (内 안 내)

雨☐ (우의) : 비옷 (雨 비 우)

丶 亠 亠 ヤ 衣 衣

衣	衣	衣							

207 7급 의	意	뜻 의	心부 9획 총13획

소리 내어 말하는(音) 것이 그 사람 마음(心) 속의 뜻임을 의미함

☐見 (의견) : 어떤 일에 대한 생각 (見 볼 견)

☐志 (의지) : 목적이 뚜렷한 생각이나 뜻 (志 뜻 지)

丶 亠 亠 立 产 咅 咅 音 音 意 意 意

意	意	意							

208 7급 의	醫	의원 의	酉부 11획 총18획

화살 통에 화살을 감추듯 술 단지(酉)로 병이나 상처를 고친다는 뜻

☐師 (의사) : 의술과 약으로 병을 고치는 직업에 종사하는 사람 (師 스승 사)

名☐ (명의) : 환자를 잘 치료하는 이름난 의사 (名 이름 명)

一 下 互 医 医 医 医 殹 殹 殹 殹 殹 殹 醫 醫 醫

醫	醫	醫							

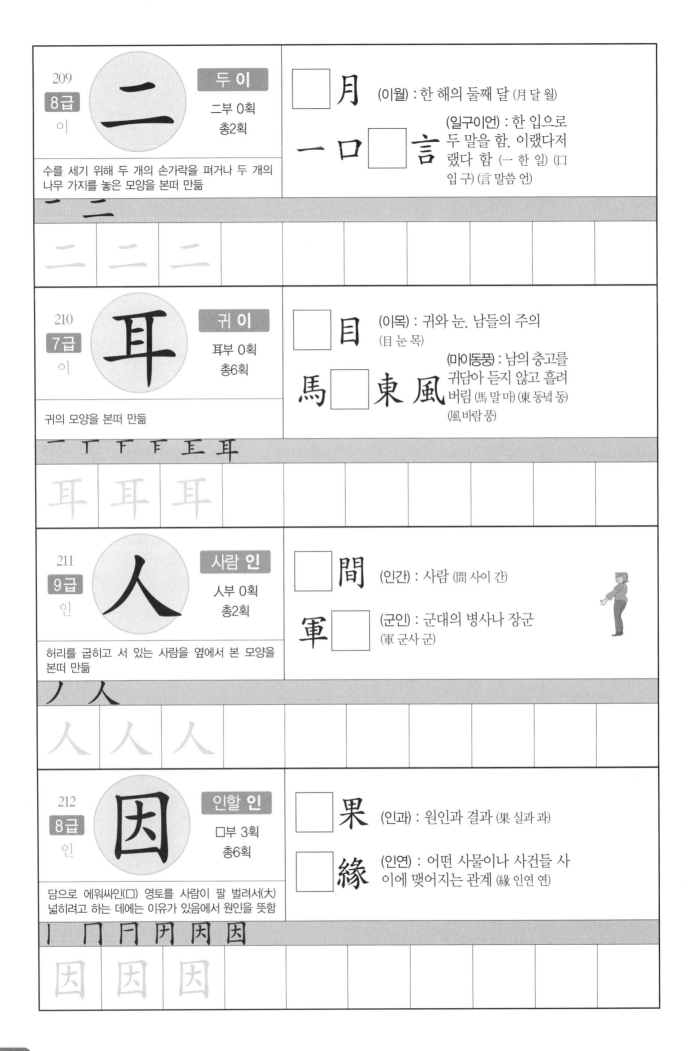

209 8급 이	二	두 이 二부 0획 총2획

수를 세기 위해 두 개의 손가락을 펴거나 두 개의 나무 가지를 놓은 모양을 본떠 만듦

□ 月 (이월) : 한 해의 둘째 달 (月 달 월)

一 口 □ 言 (일구이언) : 한 입으로 두 말을 함. 이랬다저랬다 함 (一 한 일) (口 입 구) (言 말씀 언)

一 二

210 7급 이	耳	귀 이 耳부 0획 총6획

귀의 모양을 본떠 만듦

□ 目 (이목) : 귀와 눈. 남들의 주의 (目 눈 목)

馬 □ 東 風 (마이동풍) : 남의 충고를 귀담아 듣지 않고 흘려 버림 (馬 말 마) (東 동녘 동) (風 바람 풍)

一 T F F 巨 耳

耳 耳 耳

211 9급 인	人	사람 인 人부 0획 총2획

허리를 굽히고 서 있는 사람을 옆에서 본 모양을 본떠 만듦

□ 間 (인간) : 사람 (間 사이 간)

軍 □ (군인) : 군대의 병사나 장군 (軍 군사 군)

丿 人

人 人 人

212 8급 인	因	인할 인 □부 3획 총6획

담으로 에워싸인(□) 영토를 사람이 팔 벌려서(大) 넓히려고 하는 데에는 이유가 있음에서 원인을 뜻함

□ 果 (인과) : 원인과 결과 (果 실과 과)

□ 緣 (인연) : 어떤 사물이나 사건들 사이에 맺어지는 관계 (緣 인연 연)

丨 冂 冂 因 因 因

因 因 因

213 **9급** 일	日	**날 일** 日부 0획 총4획

하늘에 떠 있는 해를 본떠 만듦

☐ 記 (일기) : 그날그날 겪은 일이나 감상 등을 적은 개인의 기록 (記 기록할 기)

☐ 出 (일출) : 해가 떠오름 (出 날 출)

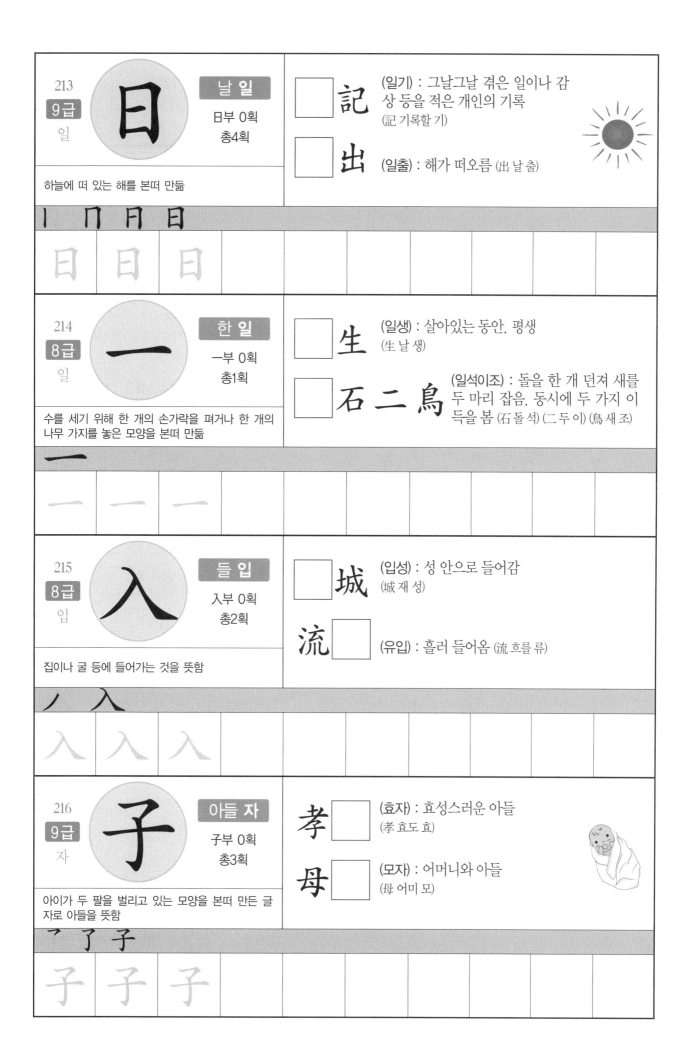

丨	冂	月	日

日	日	日							

214 **8급** 일	一	**한 일** 一부 0획 총1획

수를 세기 위해 한 개의 손가락을 펴거나 한 개의 나무 가지를 놓은 모양을 본떠 만듦

☐ 生 (일생) : 살아있는 동안. 평생 (生 날 생)

☐ 石二鳥 (일석이조) : 돌을 한 개 던져 새를 두 마리 잡음. 동시에 두 가지 이득을 봄 (石 돌 석) (二 두 이) (鳥 새 조)

一

一	一	一							

215 **8급** 입	入	**들 입** 入부 0획 총2획

집이나 굴 등에 들어가는 것을 뜻함

☐ 城 (입성) : 성 안으로 들어감 (城 재 성)

流 ☐ (유입) : 흘러 들어옴 (流 흐를 류)

丿	入

入	入	入							

216 **9급** 자	子	**아들 자** 子부 0획 총3획

아이가 두 팔을 벌리고 있는 모양을 본떠 만든 글자로 아들을 뜻함

孝 ☐ (효자) : 효성스러운 아들 (孝 효도 효)

母 ☐ (모자) : 어머니와 아들 (母 어미 모)

了	了	子

子	子	子							

217 9급 자	自	스스로 **자** 自부 0획 총6획		

사람의 코를 본떠 만든 글자로, 스스로라는 뜻과 함께 혼자서라는 뜻도 의미함

□ 立 (자립) : 남에게 의지하지 않고 자기의 힘으로 해나감 (立 설 립)

□ 習 (자습) : 혼자서 스스로 익힘 (習 익힐 습)

`′ ′ ′ ′ ′ 自 自 自`

自	自	自						

218 8급 자	者	놈 **자** ⺹=老부 5획 총9획		

나이 많은 어른(老)이 아랫사람에게 낮추어 말하는 (白) 대상을 가리켜 사람이나 놈을 뜻함

信 □ (신자) : 종교를 믿는 사람 (信 믿을 신)

筆 □ (필자) : 글 또는 글씨를 쓴 사람 (筆 붓 필)

`一 十 土 耂 耂 耂 者 者 者`

者	者	者						

219 7급 자	字	글자 **자** 子부 3획 총6획		

집안(宀)에 아들(子)이 늘어나듯 계속해서 늘어나는 것이 글자임을 뜻함

文 □ (문자) : 글자 (文 글월 문)

千 □ 文 (천자문) : 중국의 주흥사가 지은 책으로 한문 학습의 입문서 (千 일천 천) (文 글월 문)

`′ ′ ′ 宀 宁 字 字`

字	字	字						

220 7급 작	作	지을 **작** 亻=人부 5획 총7획		

사람(亻=人)이 잠깐(乍)도 쉬지 않고 일을 한다는 데서 물건을 만듦이나 농사 등을 지음을 뜻함

□ 業 (작업) : 일터에서 연장이나 기계 등을 가지고 일을 함 (業 일 업)

始 □ (시작) : 처음으로 함 (始 비로소 시)

`′ ′ ′ ′ 竹 作 作 作`

作	作	作						

221 9급 장	長	길 장 長부 0획 총8획		
머리카락이 긴 노인이 지팡이를 짚고 서 있는 모양을 본떠 만듦			校 ☐	(교장) : 학교의 사무를 관장하고 대외적으로 학교를 대표하는 사람 (校 학교 교)
			家 ☐	(가장) : 집안의 제일 큰 어른 (家 집 가)

丨 亠 厂 午 午 토 長 長 長

長 長 長

222 7급 재	材	재목 재 木부 3획 총7획		
집을 지을 때는 나무(木)의 바탕(才)이 중요한데 그것이 바로 재목임을 뜻함			教 ☐	(교재) : 수업에 쓰이는 재료 (教 가르칠 교)
			☐ 料	(재료) : 물건을 만드는데 드는 원료 (料 헤아릴 료)

一 十 才 木 村 村 材

材 材 材

223 7급 재	財	재물 재 貝부 3획 총10획		
돈(貝)이나 물건을 흘리지 않고 잘 모아놓은(才) 것이 재물임을 뜻함			☐ 産	(재산) : 개인이나 단체가 소유하고 있는 재물 (産 낳을 산)
			☐ 數	(재수) : 재물이 생기거나 좋은 일이 있을 운수 (數 셈 수)

丨 冂 冃 月 目 目 貝 貝 財 財

財 財 財

224 7급 쟁	爭	다툴 쟁 爪부 4획 총8획		
손톱(爪)을 드러내면서 손(又)으로 서로 때리며 싸우는 것이 다툼임을 뜻함			競 ☐	(경쟁) : 서로 앞서거나 이기려고 싸움 (競 다툴 경)
			論 ☐	(논쟁) : 말이나 글로 서로의 의견을 주장하며 다툼 (論 논할 론)

丿 ㇀ ㇀ 乊 乴 乺 爭 爭

爭 爭 爭

225 9급 전	田	밭 전 田부 0획 총5획

농작물을 기르도록 이랑이 있는 밭의 모양을 본떠 만듦

油☐ (유전) : 석유가 나는 곳 (油 기름 유)

火☐ (화전) : 불을 지른 다음 농사를 짓는 밭 (火 불 화)

丨 冂 冃 用 田 田

田	田	田						

---

226 8급 전	全	온전할 전 入부 4획 총6획

손에 들어온(入) 구슬(王←玉) 중 가장 예쁘고 좋은 구슬이라는 데서 온전함 또는 완전함을 뜻함

☐國 (전국) : 한 나라의 전체 (國 나라 국)

☐部 (전부) : 모두 다 (部 떼 부)

丿 入 仐 仐 全 全

全	全	全						

---

227 7급 전	典	법 전 八부 6획 총8획

제사상에 여러 가지 것을 기록한 책들을 바쳐 놓은 모양을 본떠 만듦

古☐ (고전) : 옛날 책으로 후세 사람들의 모범이 될 만한 가치를 지닌 작품 (古 예 고)

法☐ (법전) : 어떤 종류의 법규를 체계적으로 정리하여 엮은 책 (法 법 법)

丨 冂 冂 由 曲 曲 典 典

典	典	典						

---

228 7급 전	前	앞 전 刂=刀부 7획 총9획

배(月←舟)를 타고 앞으로 가며 칼(刂=刀)로 끝부분을 잘라 가지런하게 한다는 데서 앞을 뜻함

☐進 (전진) : 앞으로 나아감 (進 나아갈 진)

☐生 (전생) : 이 세상에 태어나기 전의 세상 (生 날 생)

丶 丷 屵 产 斺 斺 前 前 前

前	前	前						

| 229 7급 전 | 展 펼 전 尸부 7획 총10획 | □ 示 | (전시) : 여러 가지 것을 벌여놓고 보임 (示 보일 시) |
| | | □ 開 | (전개) : 점차 크게 펼쳐짐 (開 열 개) |

화려한 옷(衣+工)을 입고 몸을 쭉 펴고(尸) 자랑한다는 뜻에서 펴다를 뜻함

コ コ 尸 尸 尸 尼 屏 屏 展 展

| 展 | 展 | 展 | | | | | | | |

| 230 7급 전 | 戰 싸움 전 戈부 12획 총16획 | □ 爭 | (전쟁) : 국가와 국가 사이의 무력에 의한 싸움 (爭 다툴 쟁) |
| | | 勝 □ | (승전) : 전쟁에서 승리함, 또는 승리한 전쟁 (勝 이길 승) |

식구들을 위해 밭에서 홀로 열심히 일을 하며(單) 적이 나타나면 창(戈)으로 싸우는 것을 뜻함

丶 ロ ロ ロ 吅 吅 吅 鬥 鬥 哩 單 單 戰 戰 戰

| 戰 | 戰 | 戰 | | | | | | | |

| 231 7급 전 | 電 번개 전 雨부 5획 총13획 | □ 氣 | (전기) : 물체의 마찰에서 생기는 현상으로 빛이나 열이 있고 고체를 당기는 힘이 있음 (氣 기운 기) |
| | | 感 □ | (감전) : 전기가 몸에 통하여 충격을 받음 (感 느낄 감) |

비(雨)가 올 때 치는 번갯불(申)이 구부러진 것을 뜻함

一 一 一 丆 币 币 乕 雨 雨 雷 雷 雷 電

| 電 | 電 | 電 | | | | | | | |

| 232 7급 정 | 定 정할 정 宀부 5획 총8획 | 安 □ | (안정) : 흔들림 없이 안전하게 자리를 잡음 (安 편안 안) |
| | | □ 石 | (정석) : 어떤 일을 처리할 때 정해진 방식 (石 돌 석) |

집(宀)에서는 물건의 자리를 바르게(正) 정해야한다는 데서 정한다는 뜻

丶 丶 宀 宀 宁 宇 定 定

| 定 | 定 | 定 | | | | | | | |

233 7급 정	庭	뜰 정 广부 7획 총10획	□園	(정원) : 집안의 나무나 꽃 등을 가꾸어 놓은 마당 (園 동산 원)
			校□	(교정) : 학교의 정원이나 운동장 (校 학교 교)

지붕(广)이 있는 마당에서 신하들이 임금의 말을 듣는다(廷)하여 집안의 뜰을 뜻함

丶 一 广 广 庐 庐 庭 庭 庭 庭

庭 庭 庭

234 7급 정	情	뜻 정 忄=心부 8획 총11획	感□	(감정) : 사물에 느끼어 일어나는 심정 (感 느낄 감)
			愛□	(애정) : 사랑하는 마음 (愛 사랑 애)

마음(忄=心) 속에 큰 이상을 품은 젊은이(靑)의 마음이 곧 뜻이며 사랑임을 뜻함

丶 丶 忄 忄 忭 忭 情 情 情 情 情

情 情 情

235 7급 정	政	정사 정 攵=攴부 5획 총9획	□治	(정치) : 나라를 다스리는 일 (治 다스릴 치)
			善□	(선정) : 훌륭하고 좋은 정치 (善 착할 선)

모든 백성이 바르게(正) 살 수 있도록 일을 해야(攵=攴)하는 것이 정치임을 뜻함

一 一 T T 正 正 正 政 政 政

政 政 政

236 7급 정	正	바를 정 止부 1획 총5획	□直	(정직) : 마음에 거짓이나 꾸밈이 없이 바르고 곧음 (直 곧을 직)
			□答	(정답) : 옳은 답 (答 대답 답)

올바른 길을 가려면 한가지(一)라도 반드시 멈추어서(止) 헤아린다는 뜻에서 올바름을 뜻함

一 T 下 正 正

正 正 正

237	弟	아우 제
8급 제		弓부 4획 총7획

활(弓)을 들고 푯말을 가지고 노는 아우를 본떠 만듦

□ 子	(제자) : 스승의 가르침을 받거나 받은 사람 (子 아들 자)
兄 □	(형제) : 형과 아우 (兄 형 형)

丶 丷 丷 弓 弟 弟

弟	弟	弟					

238	帝	임금 제
7급 제		巾부 6획 총9획

하늘에 제사지낼 때 물건이나 음식을 올려놓는 제사상의 모양을 본떠 만듦

□ 國	(제국) : 황제가 다스리는 나라 (國 나라 국)
玉皇上 □	(옥황상제) : 도가에서 하느님을 일컫는 말 (玉 구슬 옥) (皇 임금 황) (上 윗 상)

丶 亠 亠 立 产 产 帝 帝

帝	帝	帝					

239	朝	아침 조
7급 조		月부 8획 총12획

달(月)이 지고 해가 뜨는 새벽(旦)이 지나서 새날이 밝아옴을 뜻함

□ 食	(조식) : 아침 밥 (食 밥 식)
□ 會	(조회) : 학교나 관청에서 아침에 구성원이 한자리에 모이는 일, 또는 그런 모임 (會 모일 회)

一 十 十 古 古 苩 直 卓 朝 朝 朝 朝

朝	朝	朝					

240	祖	할아비 조
7급 조		示부 5획 총10획

제사상(示)에 음식을 많이 올리는(且) 것은 할아버지 또는 조상을 위한 것임을 뜻함

□ 國	(조국) : 자기가 태어난 나라 (國 나라 국)
始 □	(시조) : 한 겨레나 씨족의 맨 처음의 조상 (始 비로소 시)

一 二 丁 亓 示 礻 礽 袒 袒 祖

祖	祖	祖					

 연습문제

01-10 다음 한자(漢字)의 음(音)은 무엇입니까?

01 邑 : ① 음 ② 은 ③ 위 ④ 읍 ⑤ 육

02 育 : ① 육 ② 월 ③ 유 ④ 위 ⑤ 은

03 入 : ① 일 ② 익 ③ 재 ④ 장 ⑤ 입

04 作 : ① 작 ② 잔 ③ 이 ④ 익 ⑤ 장

05 材 : ① 자 ② 인 ③ 재 ④ 일 ⑤ 이

06 定 : ① 전 ② 적 ③ 정 ④ 접 ⑤ 장

07 音 : ① 은 ② 육 ③ 음 ④ 의 ⑤ 온

08 全 : ① 정 ② 재 ③ 장 ④ 자 ⑤ 전

09 弟 : ① 조 ② 제 ③ 정 ④ 재 ⑤ 쟁

10 祖 : ① 제 ② 조 ③ 전 ④ 적 ⑤ 자

11-15 다음의 음(音)을 가진 한자(漢字)는 어느 것입니까?

11 자 : ① 日 ② 一 ③ 財 ④ 自 ⑤ 人

12 인 : ① 帝 ② 因 ③ 日 ④ 典 ⑤ 爭

13 은 : ① 銀 ② 肉 ③ 衣 ④ 意 ⑤ 情

14 전 : ① 政 ② 財 ③ 長 ④ 字 ⑤ 展

15 의 : ① 音 ② 耳 ③ 意 ④ 全 ⑤ 正

16-25 다음 한자(漢字)의 뜻은 무엇입니까?

16 育 : ① 심다 ② 고기 ③ 기르다
④ 익히다 ⑤ 인하다

17 醫 : ① 법 ② 병원 ③ 의원
④ 치료 ⑤ 간호사

18 日 : ① 눈 ② 날 ③ 하나
④ 아침 ⑤ 번개

19 字 : ① 아들 ② 글자 ③ 온전
④ 쓰다 ⑤ 배우다

20 自 : ① 주다 ② 희다 ③ 말하다
④ 스스로 ⑤ 바르다

21 爭 : ① 낮다 ② 파다 ③ 세우다
④ 다투다 ⑤ 온전하다

22 戰 : ① 창 ② 방패 ③ 경쟁
④ 싸움 ⑤ 재물

23 政 : ① 앞   ② 뜰   ③ 펴다
       ④ 정사   ⑤ 바르다

24 定 : ① 제목   ② 두다   ③ 놓다
       ④ 치다   ⑤ 정하다

25 情 : ① 뜻   ② 푸르다   ③ 머물다
       ④ 고요하다 ⑤ 서운하다

26-30 다음의 뜻을 가진 한자(漢字)는 어느 것입니까?

26 길다 : ① 因 ② 一 ③ 長 ④ 朝 ⑤ 音

27 재물 : ① 材 ② 子 ③ 爭 ④ 財 ⑤ 作

28 놈 : ① 者 ② 人 ③ 入 ④ 庭 ⑤ 電

29 앞 : ① 典 ② 田 ③ 全 ④ 前 ⑤ 展

30 옷 : ① 邑 ② 意 ③ 衣 ④ 肉 ⑤ 帝

31-45 다음 한자어(漢字語)의 음(音)은 무엇입니까?

31 朝會 : ① 재고   ② 면회   ③ 조회
       ④ 주의   ⑤ 조석

32 感情 : ① 등장   ② 감소   ③ 간접
       ④ 감정   ⑤ 등정

33 全國 : ① 적군   ② 전국   ③ 금고
       ④ 조국   ⑤ 전체

34 展示 : ① 선수   ② 제재   ③ 전시
       ④ 순서   ⑤ 전제

35 安定 : ① 합성   ② 규칙   ③ 입장
       ④ 안정   ⑤ 합장

36 競爭 : ① 공상   ② 입장   ③ 경치
       ④ 경쟁   ⑤ 경주

37 財産 : ① 재산   ② 패자   ③ 제목
       ④ 자산   ⑤ 유산

38 敎材 : ① 화제   ② 장소   ③ 교재
       ④ 자주   ⑤ 교제

39 作業 : ① 착실   ② 참가   ③ 사업
       ④ 성업   ⑤ 작업

40 自習 : ① 주시   ② 사신   ③ 자습
       ④ 학습   ⑤ 실습

41 日記 : ① 목표   ② 자유   ③ 실기
       ④ 일몰   ⑤ 일기

42 因果 : ① 연수   ② 요소   ③ 은사
       ④ 인과   ⑤ 결과

43 意見 : ① 의견   ② 유래   ③ 위치
       ④ 음색   ⑤ 의지

44 音樂 : ① 하락   ② 음악   ③ 의지
       ④ 이목   ⑤ 오락

45 敎育 : ① 거역   ② 교육   ③ 도읍
       ④ 선의   ⑤ 양육

| 241 **7급** 조 | 鳥 | **새 조** 鳥부 0획 총11획 | 吉 ☐ | (길조) : 사람에게 어떤 길한 일이 생김을 미리 알려준다는 새 (吉 길할 길) |
| | | | 不死 ☐ | (불사조) : 영원히 죽지 않는 다는 전설의 새 (不 아닐 불) (死 죽을 사) |

꼬리가 긴 새를 옆에서 본 모양을 본떠 만듦

ʼ ʼ 鳥 鳥 鳥 鳥 鳥 鳥 鳥 鳥 鳥

| 鳥 | 鳥 | 鳥 | | | | | | | |

| 242 **9급** 족 | 足 | **발 족** 足부 0획 총7획 | 手 ☐ | (수족) : 손과 발 (手 손 수) |
| | | | 長 ☐ | (장족) : 사물의 발전이나 진행이 매우 빠름 (長 길 장) |

무릎에서 발끝까지의 모양을 본떠 만듦

丨 ㅁ ㅁ ㅁ 무 足 足

| 足 | 足 | 足 | | | | | | | |

| 243 **7급** 족 | 族 | **겨레 족** 方부 7획 총11획 | 家 ☐ | (가족) : 어버이와 자식, 부부 등의 관계로 맺어져 한 집 안에서 생활하는 사람들 (家 집 가) |
| | | | 民 ☐ | (민족) : 같은 지역에서 살고 말과 습관 따위가 같은 사람의 무리 (民 백성 민) |

전쟁이 나면 하나의 깃발 아래 같은 핏줄의 무리가 활(矢)을 들고 싸운다는 데서 겨레나 민족을 뜻함

ʼ ʼ ㄱ 方 方 方 㐅 㐅 族 族

| 族 | 族 | 族 | | | | | | | |

| 244 **7급** 종 | 種 | **씨 종** 禾부 9획 총14획 | 品 ☐ | (품종) : 물품의 종류 (品 물건 품) |
| | | | ☐ 族 | (종족) : 같은 조상으로부터 나온 가족, 씨족 등으로 이루어진 사회 집단 (族 겨레 족) |

곡식(禾)의 어린 아이(重←童)는 씨앗임을 뜻함

ʼ ʼ 千 千 禾 禾 和 和 和 种 稙 稙 種 種

| 種 | 種 | 種 | | | | | | | | |

245	主	주인 **주**	□ 人	(주인) : 한 집안을 꾸려 가는데 중심이 되는 사람, 또는 물건의 임자 (人 사람 인)
9급 주		丶부 4획 총5획	□ 要	(주요) : 주되고 중요함 (要 요긴할 요)

등불(丶)과 촛대(王)의 모양을 나타내어 어둠 속에서 등불과 같은 사람이 바로 주인임을 뜻함

丶 亠 二 主 主

主　主　主

246	住	살 **주**	□ 所	(주소) : 살고 있는 곳 (所 바 소)
7급 주		亻=人부 5획 총7획	□ 民	(주민) : 일정한 곳에 자리를 잡고 사는 국민 (民 백성 민)

사람(人)이 등불(主)처럼 일정한 곳에 머무르는 것, 즉 '살다' 의 뜻

丿 亻 亻 亻 仁 住 住

住　住　住

247	注	부을 **주**	□ 目	(주목) : 어떤 일에 특별히 관심을 가지고 봄 (目 눈 목)
7급 주		氵=水부 5획 총8획	□ 力	(주력) : 힘을 있는 대로 다들임 (力 힘 력)

물 또는 기름(氵=水)이 등불(主)의 중심으로 모이듯 중심이나 집중됨 또는 쉽게 설명함을 뜻함

丶 丶 氵 氵 汀 沪 注 注

注　注　注

248	竹	대 **죽**	□ 刀	(죽도) : 대나무로 만든 칼 (刀 칼 도)
7급 죽		竹부 0획 총6획	□ 馬故友	(죽마고우) : 어릴 때부터 같이 놀며 자란 오랜 벗 (馬 말 마) (故 연고 고) (友 벗 우)

대나무 잎의 모양을 본떠 만듦

丿 丶 丿 丿 𥫗 竹

竹　竹　竹

249 8급 중	中	가운데 **중** ㅣ부 3획 총4획			
			☐ 間	(중간) : 두 사물의 사이 (間 사이 간)	
			☐ 心	(중심) : 한 가운데, 또는 가장 중요하며 기본이 되는 부분 (心 마음 심)	

어떤 사물(口)의 가운데를 정확히 꿰뚫음(ㅣ)을 나타냄

ㅣ 口 口 中

中	中	中			

250 7급 지	地	땅(따) **지** 土부 3획 총6획			
			☐ 方	(지방) : 나라 안의 어떤 넓은 지역, 또는 서울 밖의 시골 (方 모 방)	
			☐ 位	(지위) : 개인의 사회적인 신분에 따르는 어떠한 자리나 계급 (位 자리 위)	

흙(土)이 큰 뱀의 모습(也)처럼 구불구불 울퉁불퉁 깔려있는 곳이 땅임을 뜻함

一 十 土 圷 圠 地

地	地	地			

251 7급 지	指	가리킬 **지** 扌=手부 6획 총9획			
			☐ 定	(지정) : 가리켜 정함, 또는 가려내어 정함 (定 정할 정)	
			☐ 名	(지명) : 여러 사람 중에 누구의 이름을 가리킴 (名 이름 명)	

손(扌=手)으로 맛있는 음식(旨)을 먹음에서 손가락이란 뜻과 손가락으로 무엇을 가리킴이란 뜻도 있음

一 十 扌 扩 拎 指 指 指 指

指	指	指			

252 7급 지	止	그칠 **지** 止부 0획 총4획			
			禁 ☐	(금지) : 말리어 못하게 함 (禁 금할 금)	
			中 ☐	(중지) : 일을 중도에서 그만두거나 멈춤 (中 가운데 중)	

사람이 걸음을 멈추고 있는 발자국의 모양을 본떠 만듦

ㅣ 丄 止 止

止	止	止			

253	紙	종이 **지**
7급 지		糸부 4획 총10획

섬유질(糸)이 얽혀(氏) 만들어지는 것이 종이라는 뜻

表[ ] (표지) : 책의 겉장 (表 겉 표)

休[ ] (휴지) : 못쓰게 된 종이, 또는 화장지 (休 쉴 휴)

｜ 幺 幺 乡 糹 糸 糿 紅 紙 紙

紙 紙 紙

254	直	곧을 **직**
7급 직		目부 3획 총8획

많은(十) 사람의 눈(目)은 숨겨진(ㄴ) 것도 찾으니 그것이 바로 곧고 바른 것임을 뜻함

正[ ] (정직) : 마음이 바르고 곧음 (正 바를 정)

[ ]線 (직선) : 곧은 줄, 즉 두 점 사이를 가장 짧은 거리로 이은 선 (線 줄 선)

一 十 十 古 古 直 直 直

直 直 直

255	眞	참 **진**
8급 진		目부 5획 총10획

죽어도(匕) 숨김(ㄴ)이 없음을 여러 방향(八)에서 보이도록(目) 하는 것이 참된 것임을 뜻함

[ ]理 (진리) : 참된 도리, 또는 바른 이치 (理 다스릴 리)

[ ]實 (진실) : 거짓이 없고 바르고 참됨 (實 열매 실)

匕 匕 匕 眞 眞 眞 眞 眞 眞 眞

眞 眞 眞

256	質	바탕 **질**
7급 질		貝부 8획 총15획

도끼로 나무를 패어(斤+斤) 돈(貝)과 바꾸는 것을 뜻함

[ ]問 (질문) : 모르거나 의심나는 점을 물음 (問 물을 문)

素[ ] (소질) : 본래부터 갖추고 있는 바탕 (素 본디 소)

｜ 厂 斤 斤 斤 斦 斦 斦 斦 斦 質 質 質 質 質

質 質 質

| 257 | 集 | 모을 집 | □ 中 | (집중) : 한 군데로 모이거나 모음 (中 가운데 중) |
| 7급 집 | | 隹부 4획 총12획 | 詩 □ | (시집) : 시를 모아 엮은 책 (詩 시 시) |

꽁지 짧은 새(隹)가 나무(木) 위에 많이 모여 있는 모습을 나타냄

丿 イ イ 广 乍 乍 佳 隹 隹 隼 集 集

集 集 集

| 258 | 次 | 버금 차 | 順 □ | (순차) : 돌아오는 차례 (順 순할 순) |
| 8급 차 | | 欠부 2획 총6획 | 節 □ | (절차) : 일을 치르는 데 밟아야 하는 차례와 방법 (節 마디 절) |

피곤하여 두 번이나(冫≒二) 하품(欠)을 하여 뒤로 미룬다는 뜻과 그렇게 미뤄지면 두 번째가 됨을 뜻함

丶 冫 冫 冫 次 次

次 次 次

| 259 | 天 | 하늘 천 | □ 才 | (천재) : 타고난 뛰어난 재주, 또는 그런 재주를 가진 사람 (才 재주 재) |
| 9급 천 | | 大부 1획 총4획 | □ 下 | (천하) : 하늘 아래 (下 아래 하) |

사람이 서 있는데(大) 그 위로 한없이 넓게 펼쳐져 있는(一) 것이 하늘이라는 뜻

一 二 チ 天

天 天 天

| 260 | 川 | 내 천 | 山 □ | (산천) : 산과 내. 자연 (山 메 산) |
| 9급 천 | | 川=巛부 0획 총3획 | 山 □ 草 木 | (산천초목) : 산과 내와 풀과 나무. 자연 (山 메 산) (草 풀 초) (木 나무 목) |

시냇물이 흘러가는 모양을 본떠 만듦

丿 丿 川

川 川 川

| 261 8급 천 | 千 | 일천 천
十부 1획
총3획 | ☐ 金 | (천금) : 엽전 천 냥. 많은 돈
(金 쇠 금) |
| | | | ☐ 年 | (천년) : 백 년의 열 곱절로 오랜
세월을 이르는 말 (年 해 년) |

많은(十) 것이 더 많도록 사람(人)이 꾸몄다는 데서
일천을 뜻함

ノ 二 千

千　千　千

| 262 7급 청 | 青 | 푸를 청
青부 0획
총8획 | ☐ 年 | (청년) : 젊은 사람 (年 해 년) |
| | | | ☐ 山 | (청산) : 푸른 산 (山 메 산) |

붉은(丹)색 틈에서 피어나는 새싹(生)은 더욱 푸르
다는 뜻

一 二 キ 主 丰 青 青 青

青　青　青

| 263 8급 초 | 初 | 처음 초
刀부 5획
총7획 | 始 ☐ | (시초) : 맨 처음 (始 비로소 시) |
| | | | ☐ 代 | (초대) : 어떤 계통의 첫 번째 사람,
또는 그 사람의 시대 (代 대신 대) |

옷(衤→衣)을 만들 때에 칼(刀)로 옷감을 자르는 것
이 옷을 만드는 일의 처음이라는 데서 처음을 뜻함

ノ ラ ネ ネ ネ 初 初

初　初　初

| 264 7급 초 | 草 | 풀 초
艹=艸부 6획
총10획 | ☐ 家 | (초가) : 볏짚·밀짚·갈대 등으로
지붕을 이은 집 (家 집 가) |
| | | | ☐ 野 | (초야) : 풀이 우거진 들판. 시골
(野 들 야) |

해(日)가 떠오르는(十) 숲의 저쪽에서 풀의 싹(艹=
艸)이 돋아남을 뜻함

一 十 艹 艹 艹 芍 芍 苩 苩 草

草　草　草

| 265 7급 촌 | 村 마을 촌 木부 3획 총7획 | 農 漁 | ☐ ☐ | (농촌) : 농사를 짓고 사는 사람들이 모여 사는 마을 (農 농사 농) (어촌) : 바닷가에서 어업을 주로 하는 사람들이 모여 사는 마을 (漁 고기잡을 어) |

큰 나무(木)를 중심으로 가까운 거리(寸)에서 서로 모여 사는 곳이 마을임을 뜻함

一 十 才 木 オ 村 村

村 村 村

| 266 7급 추 | 秋 가을 추 禾부 4획 총9획 | ☐ 夕 ☐ 收 | (추석) : 음력 팔월 보름. 한가위 (夕 저녁 석) (추수) : 가을에 익은 곡식을 거두어들임 (收 거둘 수) |

곡식(禾)을 수확한 후 햇볕의 불(火)로 말리는 계절이 가을임을 뜻함

二 千 チ チ チ ヂ 秒 秋

秋 秋 秋

| 267 7급 출 | 出 날 출 凵부 3획 총5획 | ☐ 生 ☐ 發 | (출생) : 세상에 태어남 (生 날 생) (출발) : 길을 떠남 (發 필 발) |

식물의 새싹이 움푹한 곳(凵)에서 땅위로 돋아나오는 모양을 본떠 만듦

一 屮 屮 出 出

出 出 出

| 268 7급 충 | 充 채울 충 儿부 4획 총6획 | ☐ 分 ☐ 足 | (충분) : 모자람이 없이 차거나 넉넉함 (分 나눌 분) (충족) : 넉넉하게 채움 (足 발 족) |

사람(人←儿)이 자라고 성장하니(育) 모든 것이 충만함을 뜻함

丶 一 云 云 产 充

充 充 充

269	齒	이 **치**	□ 科	(치과) : 이를 전문으로 치료하고 연구하는 의학의 한 분과 (科 과목 과)
7급 치		齒부 0획 총15획	□ 石	(치석) : 이에 누렇게 엉기어 붙은 단단한 물질 (石 돌 석)

잇몸을 따라 박혀있는(止) 치아의 모양을 본떠 만듦

止 ㅏ 止 止 步 歩 歩 歩 齿 齿 齿 齿 齿 齒 齒

齒 齒 齒

270	則	법칙 **칙**	法 □	(법칙) : 반드시 지켜야 할 규칙 (法 법 법)
8급 칙		刂=刀부 7획 총9획	反 □	(반칙) : 규칙을 어김 (反 돌이킬 반)

재산(貝)을 칼(刂=刀)로 자르듯 나눌 때는 법칙이 있어야 한다는 데서 법칙을 뜻함

丨 冂 冂 月 目 貝 貝 則 則

則 則 則

271	七	일곱 **칠**	□ 月	(칠월) : 한 해의 일곱째 달 (月 달 월)
8급 칠		一부 1획 총2획	□ 日	(칠일) : 이레 (日 날 일)

다섯 손가락은 위로 펴고 다른 손의 두 손가락은 옆으로 편 모양을 본떠 만듦

一 七

七 七 七

272	太	클 **태**	□ 平	(태평) : 세상이 안정되고 풍년이 들어 아무 걱정이 없고 편안함 (平 평평할 평)
8급 태		大부 1획 총4획	□ 半	(태반) : 거의 3분의 2를 넘음을 이르는 말 (半 반 반)

커다란 것(大)에 또다시 점(·)을 찍으니 더욱 크다는 것을 뜻함

一 ナ 大 太

太 太 太

273 9급 토	土	흙 토 土부 0획 총3획

어린 나무와 풀의 싹이 돋아나는 곳의 땅 모양으로 본떠 만든 글자로 땅은 곧 흙을 뜻함

☐ 地 (토지) : 땅, 또는 흙 (地 땅 지)

國 ☐ (국토) : 나라의 땅 (國 나라 국)

一 十 土

土	土	土					

274 8급 팔	八	여덟 팔 八부 0획 총2획

양 손의 네 손가락씩 핀 모양을 본떠 만듦

☐ 角 (팔각) : 여덟 모 (角 뿔 각)

☐ 方美人 (팔방미인) : 여러 방면에 능통한 사람 (方 모 방) (美 아름다울 미) (人 사람 인)

丿 八

八	八	八					

275 7급 편	便	편할 편 亻=人부 7획 총9획

사람(亻=人)이 불편한 것들을 바로잡고 다시 고치면(更) 편리하게 된다는 데서 편함을 뜻함

☐ 安 (편안) : 몸이나 마음이 편하고 좋음 (安 편안 안)

不 ☐ (불편) : 편하지 못함 (不 아닐 불)

丿 亻 亻 亻 亻 佢 佢 便 便

便	便	便					

276 7급 평	平	평평할 평 干부 2획 총5획

물 위에 뜬 물풀(丷)이 방패(干)에 있는 무늬처럼 평평하게 있음을 본떠 만듦

公 ☐ (공평) : 어느 한쪽에 치우치지 않고 공정함 (公 공평할 공)

☐ 素 (평소) : 보통 때 (素 본디 소)

一 丷 六 五 平

平	平	平					

277 8급 표	表	겉 표 衣부 2획 총8획

털(毛)이 달린 외투(衣)는 표시가 나도록 겉에 입는다는 데서 겉 또는 바깥을 뜻함

☐ 示 (표시) : 겉으로 드러내어 보임 (示 보일 시)

☐ 情 (표정) : 마음속의 감정이나 정서 따위가 얼굴에 나타난 상태 (情 뜻 정)

一 二 キ 主 丰 表 表 表

表 表 表

278 7급 품	品	물건 품 口부 6획 총9획

많은 사람들의 입(口)에서 입(口)으로 좋고 나쁨이 전달되어지는 것이 물건임을 뜻함

☐ 質 (품질) : 물건의 좋고 나쁜 바탕이나 성질 (質 바탕 질)

☐ 行 (품행) : 타고난 성질과 하는 행동 (行 다닐 행)

丿 冂 口 口 묘 묘 品 品 品

品 品 品

279 8급 풍	風	바람 풍 風부 0획 총9획

대부분(凡)의 웅크린 뱀처럼 생긴 벌레(虫)들은 바람이 멈추어야 번식함을 뜻함

☐ 車 (풍차) : 바람의 힘을 이용하여 동력을 얻는 기계 장치 (車 수레 차)

家 ☐ (가풍) : 한 집안이 전하여 내려오는 풍습 (家 집 가)

丿 几 几 凡 凮 同 風 風 風

風 風 風

280 7급 필	必	반드시 필 心부 1획 총5획

마음(心) 속의 삐뚤어진( ) 생각은 반드시 고쳐야 한다는 데서 반드시를 뜻함

☐ 然的 (필연적) : 사물이 그리될 수밖에 없는 일 (然 그럴 연) (的 과녁 적)

☐ 勝 (필승) : 반드시 이김 (勝 이길 승)

丶 丿 必 必 必

必 必 必

 연습문제

01-10 다음 한자(漢字)의 음(音)은 무엇입니까?

01 注 : ①좌 ②존 ③주 ④제 ⑤충

02 紙 : ①진 ②질 ③죽 ④족 ⑤지

03 集 : ①집 ②증 ③중 ④찰 ⑤칩

04 次 : ①죽 ②창 ③차 ④집 ⑤청

05 充 : ①청 ②체 ③충 ④책 ⑤칙

06 齒 : ①추 ②초 ③촌 ④치 ⑤차

07 初 : ①체 ②충 ③편 ④치 ⑤초

08 族 : ①종 ②조 ③주 ④족 ⑤풍

09 直 : ①진 ②지 ③직 ④질 ⑤죽

10 出 : ①충 ②축 ③추 ④치 ⑤출

11-15 다음의 음(音)을 가진 한자(漢字)는 어느 것입니까?

11 진 : ①止 ②必 ③眞 ④指 ⑤種

12 천 : ①川 ②風 ③靑 ④秋 ⑤主

13 촌 : ①地 ②竹 ③草 ④住 ⑤村

14 칙 : ①質 ②靑 ③太 ④則 ⑤天

15 편 : ①平 ②風 ③表 ④便 ⑤財

16-25 다음 한자(漢字)의 뜻은 무엇입니까?

16 住 : ①살다 ②주인 ③해치다
④물대다 ⑤바탕질

17 止 : ①살다 ②꿇다 ③그치다
④머물다 ⑤구부리다

18 中 : ①둘 ②우주 ③넣다
④가운데 ⑤반드시

19 草 : ①풀 ②몸 ③내
④봄 ⑤가을

20 千 : ①창 ②일만 ③일천
④일백 ⑤일억

21 品 : ①입 ②물건 ③편하다
④반드시 ⑤채우다

22 土 : ①겉 ②흙 ③바람
④평평하다 ⑤가리키다

104

23 太 : ① 개　　② 마을　　③ 크다
　　　④ 채우다　⑤ 태우다

24 天 : ① 밭　　② 내　　③ 풀
　　　④ 하늘　⑤ 아니다

25 指 : ① 땅　　② 종이　　③ 그치다
　　　④ 가리키다　⑤ 돌아가다

26-30 다음의 뜻을 가진 한자(漢字)는
　　　　　어느 것입니까?

26 바탕　：① 質 ② 弟 ③ 紙 ④ 竹 ⑤ 齒

27 가을　：① 奉 ② 秋 ③ 鳥 ④ 村 ⑤ 出

28 채우다 ：① 則 ② 初 ③ 充 ④ 川 ⑤ 次

29 땅　　：① 眞 ② 紙 ③ 足 ④ 集 ⑤ 地

30 씨　　：① 族 ② 主 ③ 種 ④ 注 ⑤ 表

31-45 다음 한자어(漢字語)의 음(音)은
　　　　　무엇입니까?

31 注目 : ① 면목　　② 수법　　③ 주목
　　　　　④ 지목　　⑤ 두목

32 表情 : ① 표정　　② 토지　　③ 통계
　　　　　④ 애정　　⑤ 표지

33 便安 : ① 입안　　② 정상　　③ 편안
　　　　　④ 평화　　⑤ 변안

34 公平 : ① 공통　　② 인품　　③ 불편
　　　　　④ 공평　　⑤ 수평

35 品質 : ① 통행　　② 품질　　③ 풍습
　　　　　④ 자질　　⑤ 품격

36 家族 : ① 가세　　② 지정　　③ 거주
　　　　　④ 가정　　⑤ 가족

37 出發 : ① 증발　　② 출발　　③ 충만
　　　　　④ 이발　　⑤ 출전

38 充分 : ① 장면　　② 신분　　③ 정성
　　　　　④ 충분　　⑤ 통분

39 法則 : ① 법칙　　② 문책　　③ 강직
　　　　　④ 법도　　⑤ 규칙

40 集中 : ① 집합　　② 명중　　③ 결심
　　　　　④ 집중　　⑤ 모간

41 中間 : ① 주민　　② 중간　　③ 충족
　　　　　④ 종말　　⑤ 순간

42 指定 : ① 지정　　② 치명　　③ 주행
　　　　　④ 명령　　⑤ 지령

43 禁止 : ① 정지　　② 시초　　③ 표지
　　　　　④ 경치　　⑤ 금지

44 正直 : ① 정신　　② 정직　　③ 성실
　　　　　④ 이치　　⑤ 정적

45 質問 : ① 질문　　② 친근　　③ 설문
　　　　　④ 체면　　⑤ 질정

| 281 8급 下 하 | 下 | 아래 **하**
一부 2획
총3획 | □ 校 | (하교) : 공부를 마치고 학교에서 돌아옴 (校 학교 교) |
| | | | 臣 □ | (신하) : 임금을 섬기어 벼슬하는 사람 (臣 신하 신) |

기준이 되는 막대(一) 아래에 물건(卜)이 있는 것을 뜻함

一 丁 下

下　下　下

| 282 7급 夏 하 | 夏 | 여름 **하**
夊부 7획
총10획 | □ 服 | (하복) : 여름에 입는 옷 (服 옷 복) |
| | | | □ 期 | (하기) : 여름의 시기. 여름철 (期 기약할 기) |

큰 머리(頁)에 탈을 쓰고 춤을 추며 천천히 걷는(夊) 계절은 여름임을 뜻함

一 一 一 一 一 一 百 百 頁 夏 夏

夏　夏　夏

| 283 7급 學 학 | 學 | 배울 **학**
子부 13획
총16획 | □ 校 | (학교) : 공부를 가르치고 또한 배우는 곳 (校 학교 교) |
| | | | 科 □ | (과학) : 자연에 속하는 것을 다루는 학문 (科 과목 과) |

아이들(子)이 깍지를 끼듯(臼) 양손에 책을 들고 가르침을 본받는 것에서 배움과 공부함을 뜻함

丶 ᐟ ᐠ ᑈ ᑌ ᑍ 臼 臼 臼 臼 臼 學 學 學 學 學

學　學　學

| 284 8급 合 합 | 合 | 합할 **합**
口부 3획
총6획 | □ 同 | (합동) : 둘 이상이 모여 하나가 되거나, 모아서 하나로 함 (同 한가지 동) |
| | | | □ 理 | (합리) : 이치에 맞음 (理 다스릴 리) |

사람들(人)이 서로 말(口)을 하여 의견을 하나(一)로 만드는 것은 서로 합함을 뜻함

丿 人 ᐱ 合 合 合

合　合　合

| 285 7급 해 | 海 | 바다 해
氵=水부 7획
총10획 | □ 上 | (해상) : 바다 위 (上 윗 상) |
| | | | □ 外 | (해외) : 바다를 사이에 둔 다른 나라 (外 바깥 외) |

물(氵=水)은 항상 매(每) 끝없이 흘러가는데 그래서 이루는 것이 바다임을 뜻함

丶 丶 氵 汀 汁 海 海 海 海

| 海 | 海 | 海 | | | | | | | |

| 286 9급 행 | 行 | 다닐 행
行부 0획
총6획 | 銀 □ | (은행) : 여러 사람의 저금을 맡기나 필요한 사람에게 빌려 주거나 하는 곳 (銀 은 은) |
| | | | □ 動 | (행동) : 동작을 하여 행하는 일 (動 움직일 동) |

교차하는 네거리를 본떠 만듦으로서 가다 또는 행함이라는 뜻이 됨

丿 彳 彳 行 行 行

| 行 | 行 | 行 | | | | | | | |

| 287 8급 행 | 幸 | 다행 행
干부 5획
총8획 | 多 □ | (다행) : 일이 좋게 됨 (多 많을 다) |
| | | | 不 □ | (불행) : 행복하지 아니함, 신수가 나쁨 (不 아닐 불) |

일찍 죽는(夭) 것을 피해서(逆) 천천히 가니 다행스러움을 나타냄

一 十 土 士 圭 垚 幸 幸

| 幸 | 幸 | 幸 | | | | | | | |

| 288 7급 향 | 香 | 향기 향
香부 0획
총9획 | □ 氣 | (향기) : 기분 좋은 냄새 (氣 기운 기) |
| | | | □ 料 | (향료) : 향기를 내는 물질 (料 헤아릴 료) |

곡식(禾)이 햇볕(日)을 받아 익어가니 곡식의 냄새가 좋아지는 데서 향기를 뜻함

丿 一 二 千 千 禾 禾 香 香 香

| 香 | 香 | 香 | | | | | | | |

289 **7급** 혈	血 혈	**피 혈** 血부 0획 총6획

제사에 필요한 짐승의 피를 그릇(皿)에 담아 놓은 모양을 본떠 만듦

☐ 色 (혈색) : 살갗에 나타난 핏기
(色 빛 색)

☐ 眼 (혈안) : 기를 쓰고 힘써서 핏발이 선 눈 (眼 눈 안)

` ´ ´ 勹 血 血 血

血　血　血

---

290 **8급** 형	兄 	**형 형** 儿부 3획 총5획

아우나 누이를 말(口)로 가르쳐주고 이끌어주는 어진 사람(儿)이 형이라는 뜻

☐ 夫 (형부) : 언니의 남편 (夫 지아비 부)

☐ 弟 (형제) : 형과 아우 (弟 아우 제)

` ` 冂 口 尸 兄

兄　兄　兄

---

291 **7급** 형	形 	**형상 형** 彡부 4획 총7획

나무나 종이 등의 평평한 판(开)에 예쁘게 그린 무늬(彡)라는 데서 모양이나 형상을 뜻함

☐ 成 (형성) : 어떤 모양으로 이루어짐
(成 이룰 성)

☐ 式 (형식) : 겉모습, 또는 격식이나 절차 (式 법 식)

一 二 于 开 开 形 形

形　形　形

---

292 **9급** 화	火 	**불 화** 火부 0획 총4획

활활 타고 있는 불꽃의 모양을 본떠 만듦

☐ 力 (화력) : 불의 힘 (力 힘 력)

放 ☐ (방화) : 일부러 불을 지름
(放 놓을 방)

` ` 丷 火 火

火　火　火

293 7급 화	化	될 화 匕부 2획 총4획

사람(亻=人)이 모양을 바꾸어 끝이 뾰족한 숟가락
도 된다(匕)는 데서 '되다'를 뜻함

感 ☐ (감화) : 좋은 영향을 받아 착한 마음으로 바뀜 (感 느낄 감)

變 ☐ (변화) : 사물의 모양, 성질, 상태 등이 달라짐 (變 변할 변)

丿 亻 仁 化

化 化 化

294 7급 화	和	화할 화 口부 5획 총8획

가을에 추수한 벼(禾)를 나누어 먹음(口)에서 화목함
과 서로 합함을 뜻함

☐ 合 (화합) : 화목하게 어울림
(合 합할 합)

平 ☐ (평화) : 평온하고 화목함
(平 평평할 평)

丿 二 千 千 禾 禾 和 和

和 和 和

295 7급 화	花	꽃 화 艹=艸부 4획 총8획

풀(艹=艸)이 자라나서 봉오리가 맺히고 피어나는
것이 예쁘게 되는(化)것에서 꽃임을 뜻함

☐ 園 (화원) : 꽃을 심은 동산 (園 동산 원)

開 ☐ (개화) : 꽃이 핌 (開 열 개)

丶 艹 艹 花 艿 花 花

花 花 花

296 7급 화	話	말씀 화 言부 6획 총13획

입안에서 혀(舌)를 내밀면서 재미있게 이야기를 하
는(言) 것에서 대화 또는 말씀을 뜻함

☐ 題 (화제) : 이야깃거리 (題 제목 제)

對 ☐ (대화) : 서로 마주 대하여 이야기함, 또는 그 이야기 (對 대할 대)

丶 二 三 三 三 言 言 言 話 話 話 話 話

話 話 話

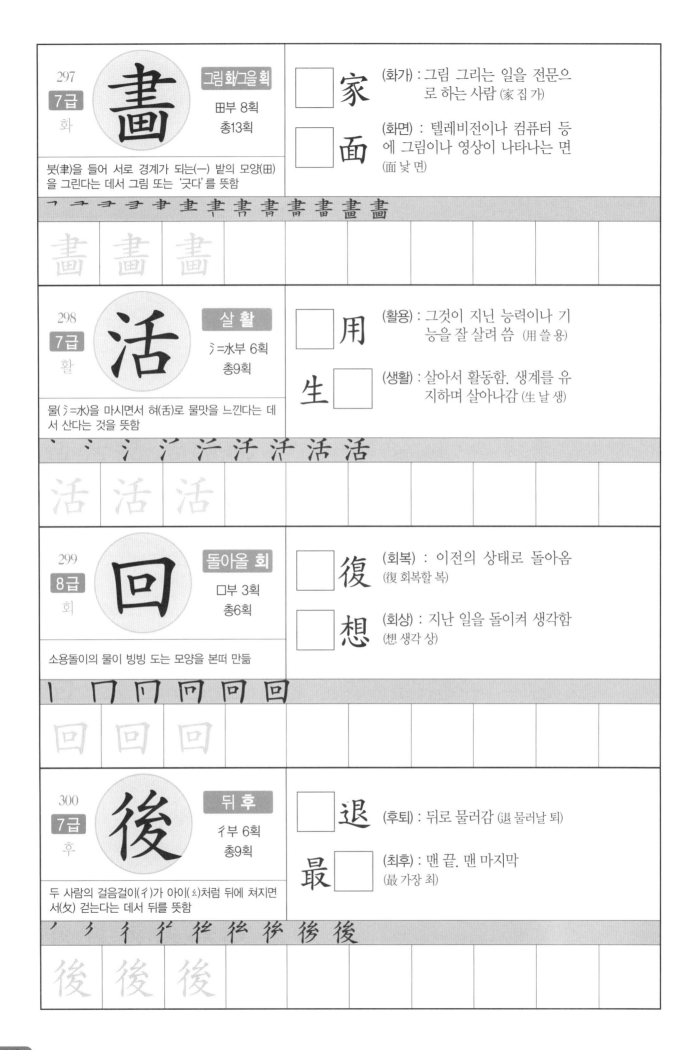

| 297 7급 화 | 畵 | 그림 화/그을 획 田부 8획 총13획 | | 家 | (화가) : 그림 그리는 일을 전문으로 하는 사람 (家 집 가) |
| | | | | 面 | (화면) : 텔레비전이나 컴퓨터 등에 그림이나 영상이 나타나는 면 (面 낯 면) |

붓(聿)을 들어 서로 경계가 되는(一) 밭의 모양(田)을 그린다는 데서 그림 또는 '긋다'를 뜻함

ㄱ ㄱ ㅋ ㅋ 聿 畫 書 書 書 書 畫 畫 畫

畵 畵 畵

| 298 7급 활 | 活 | 살 활 氵=水부 6획 총9획 | | 用 | (활용) : 그것이 지닌 능력이나 기능을 잘 살려 씀 (用 쓸 용) |
| | | | 生 | | (생활) : 살아서 활동함. 생계를 유지하며 살아나감 (生 날 생) |

물(氵=水)을 마시면서 혀(舌)로 물맛을 느낀다는 데서 산다는 것을 뜻함

丶 丶 氵 氵 氵 汀 汗 活 活

活 活 活

| 299 8급 회 | 回 | 돌아올 회 口부 3획 총6획 | | 復 | (회복) : 이전의 상태로 돌아옴 (復 회복할 복) |
| | | | | 想 | (회상) : 지난 일을 돌이켜 생각함 (想 생각 상) |

소용돌이의 물이 빙빙 도는 모양을 본떠 만듦

丨 冂 冂 冋 回 回

回 回 回

| 300 7급 후 | 後 | 뒤 후 彳부 6획 총9획 | | 退 | (후퇴) : 뒤로 물러감 (退 물러날 퇴) |
| | | | 最 | | (최후) : 맨 끝. 맨 마지막 (最 가장 최) |

두 사람의 걸음걸이(彳)가 아이(幺)처럼 뒤에 쳐지면 서(夊) 걷는다는 데서 뒤를 뜻함

丿 彳 彳 彳 彳 後 後 後 後

後 後 後

연습문제

01-05 다음 한자(漢字)의 음(音)은 무엇입니까?

01 夏 : ① 합 ② 한 ③ 학 ④ 하 ⑤ 화

02 幸 : ① 해 ② 호 ③ 형 ④ 행 ⑤ 활

03 話 : ① 확 ② 화 ③ 환 ④ 황 ⑤ 하

04 後 : ① 회 ② 한 ③ 활 ④ 환 ⑤ 후

05 和 : ① 형 ② 회 ③ 환 ④ 화 ⑤ 후

06-08 다음의 음(音)을 가진 한자(漢字)는 어느 것입니까?

06 해 : ① 兄 ② 下 ③ 合 ④ 行 ⑤ 海

07 형 : ① 形 ② 活 ③ 香 ④ 學 ⑤ 花

08 회 : ① 回 ② 化 ③ 畵 ④ 血 ⑤ 火

09-13 다음 한자(漢字)의 뜻은 무엇입니까?

09 合 : ① 뭉치다 ② 합하다 ③ 나가다
④ 해하다 ⑤ 평평하다

10 和 : ① 되다 ② 맛보다 ③ 화하다
④ 말하다 ⑤ 돌아오다

11 血 : ① 형 ② 피 ③ 불
④ 말씀 ⑤ 모양

12 學 : ① 다행 ② 다니다 ③ 합하다
④ 배우다 ⑤ 즐기다

13 行 : ① 향기 ② 바다 ③ 동작
④ 아래 ⑤ 다니다

14-16 다음의 뜻을 가진 한자(漢字)는 어느 것입니까?

14 형상 : ① 原 ② 海 ③ 夏 ④ 形 ⑤ 幸

15 살다 : ① 活 ② 火 ③ 次 ④ 花 ⑤ 兄

16 그림 : ① 化 ② 和 ③ 畵 ④ 香 ⑤ 回

17-23 다음 한자어(漢字語)의 음(音)은 무엇입니까?

17 學校 : ① 효도 ② 학교 ③ 희망 ④ 회장 ⑤ 학창

18 合理 : ① 활용 ② 훈련 ③ 한리 ④ 화합 ⑤ 합리

19 行動 : ① 합동 ② 행동 ③ 향상 ④ 형성 ⑤ 운동

20 形式 : ① 수식 ② 행복 ③ 현재 ④ 형식 ⑤ 수시

21 平和 : ① 평행 ② 평화 ③ 합동 ④ 외화 ⑤ 태평

22 活用 : ① 합성 ② 협동 ③ 활용 ④ 형편 ⑤ 활성

23 回復 : ① 하복 ② 화합 ③ 해답 ④ 회복 ⑤ 회귀

모의고사 및 정답

지금까지 배운 한자를 총복습하고,
시험의 패턴을 익히는 목적으로 차분히 풀어보자.

모의고사 1

제 1영역 　　漢 字

01-03　다음 한자(漢字)의 부수(部數)는 무엇입니까?

01　萬 : ① 田　② 三　③ 艹　④ 甲　⑤ 冂

02　成 : ① 戈　② 干　③ 人　④ 入　⑤ 二

03　花 : ① 人　② 匕　③ 化　④ 花　⑤ 艹

04-05　다음 한자(漢字)는 모두 몇 획입니까?

04　兒 : ① 7　② 8　③ 9　④ 10　⑤ 11

05　邑 : ① 5　② 6　③ 7　④ 8　⑤ 9

06　다음 그림에 해당하는 한자는 무엇입니까?

06　　① 馬　② 魚　③ 田　④ 山　⑤ 耳

07-15　다음 한자(漢字)의 음(音)은 무엇입니까?

07　口 : ① 구　② 거　③ 고　④ 가　⑤ 국

08　身 : ① 교　② 선　③ 학　④ 사　⑤ 신

09　夫 : ① 대　② 인　③ 부　④ 입　⑤ 실

10　力 : ① 천　② 가　③ 력　④ 도　⑤ 산

11　果 : ① 과　② 목　③ 전　④ 일　⑤ 양

12　兄 : ① 아　② 형　③ 오　④ 항　⑤ 인

13　用 : ① 나　② 웅　③ 노　④ 용　⑤ 소

14　考 : ① 역　② 리　③ 고　④ 녀　⑤ 로

15　例 : ① 레　② 철　③ 민　④ 주　⑤ 열

16-24　다음 음(音)을 가진 한자는 무엇입니까?

16　왕 : ① 土　② 中　③ 王　④ 本　⑤ 老

17　심 : ① 人　② 口　③ 工　④ 心　⑤ 目

18　석 : ① 石　② 車　③ 女　④ 文　⑤ 大

19　자 : ① 果　② 子　③ 火　④ 夫　⑤ 門

20　립 : ① 面　② 日　③ 足　④ 主　⑤ 立

21　우 : ① 用　② 外　③ 牛　④ 者　⑤ 色

22　동 : ① 東　② 來　③ 單　④ 南　⑤ 西

23　의 : ① 反　② 所　③ 要　④ 醫　⑤ 洋

24　결 : ① 經　② 君　③ 里　④ 林　⑤ 決

25-32　다음 한자(漢字)의 뜻은 무엇입니까?

25　力 : ① 력　② 힘　③ 칼　④ 달　⑤ 도

26　土 : ① 흙　② 선비　③ 태양　④ 하늘　⑤ 우주

27　石 : ① 땅　② 물　③ 바람　④ 돌　⑤ 불

28　木 : ① 달　② 해　③ 날　④ 물　⑤ 나무

29　中 : ① 위　② 가운데　③ 끝　④ 아래　⑤ 근본

30　用 : ① 가다　② 먹다　③ 쓰다　④ 웃다　⑤ 오다

31　多 : ① 저녁　② 적다　③ 아침　④ 많다　⑤ 작다

32　農 : ① 논　② 밭　③ 행사　④ 낚시　⑤ 농사

33-40 다음의 뜻을 가진 한자(漢字)는 무엇입니까?

33 물 : ①山 ②天 ③水 ④火 ⑤大

34 서다 : ①力 ②立 ③母 ④父 ⑤交

35 아이 : ①羊 ②魚 ③衣 ④高 ⑤兒

36 내 : ①身 ②門 ③夕 ④川 ⑤天

37 셋 : ①一 ②三 ③六 ④九 ⑤民

38 인간 : ①示 ②角 ③次 ④世 ⑤令

39 먼저 : ①半 ②先 ③定 ④出 ⑤基

40 아름답다 : ①聞 ②例 ③美 ④放 ⑤智

제 2영역 語 彙

41-48 다음 한자어(漢字語)의 음(音)은 무엇입니까?

41 月日 : ① 월일 ② 학교 ③ 축제 ④ 국어 ⑤ 월광

42 女子 : ① 남자 ② 경찰 ③ 군인 ④ 여자 ⑤ 남녀

43 父母 : ① 자녀 ② 부모 ③ 조부 ④ 자매 ⑤ 형제

44 火力 : ① 수력 ② 발전 ③ 화력 ④ 발표 ⑤ 발광

45 少年 : ① 청년 ② 소년 ③ 노년 ④ 광년 ⑤ 중년

46 十萬 : ① 백만 ② 일천 ③ 십만 ④ 십억 ⑤ 십조

47 友情 : ① 연정 ② 우의 ③ 우정 ④ 연결 ⑤ 우애

48 建物 : ① 건축 ② 건물 ③ 동물 ④ 축대 ⑤ 실물

49-52 다음 한자어(漢字語)의 뜻은 무엇입니까?

49 日月 : ① 더운 여름
　　　　② 추운 겨울
　　　　③ 해와 달
　　　　④ 하늘과 땅
　　　　⑤ 높은 하늘

50 父子 : ① 돈 많은 사람
　　　　② 어머니와 딸
　　　　③ 공부하는 학생
　　　　④ 아버지와 아들
　　　　⑤ 딸과 아들

51 利用 : ① 물건을 이롭게 쓰거나 쓸모 있게 씀
　　　　② 다른 사람을 위해 사용함
　　　　③ 화장실을 이용함
　　　　④ 백성들이 일함
　　　　⑤ 공통으로 씀

52 始作 : ① 일을 마무리 지음
　　　　② 학교에서 공부함
　　　　③ 부모님께 효도함
　　　　④ 어떤 일이나 행동의 처음 단계
　　　　⑤ 공사를 마침

53-56 다음의 음을 가진 한자어(漢字語)는 무엇입니까?

53 석공 : ①日月 ②石工 ③土山 ④人工 ⑤木馬

54 심신 : ①自身 ②雨天 ③高山 ④水力 ⑤心身

55 사업 : ①事業 ②四人 ③士林 ④四言 ⑤四十

56 평화 : ①村和 ②平和 ③風化 ④平人 ⑤老化

57-60 다음의 뜻에 해당하는 한자어(漢字語)는 무엇입니까?

57 어떤 대상이나 물건을 소유하고 있는 사람
　　①主子 ②女人 ③主人 ④女子 ⑤主女

58 손으로 하는 공예
　　①母子 ②人口 ③木手 ④木工 ⑤手工

59 사람이 살고 있는 모든 세계

①世上 ②元日 ③世三 ④元一 ⑤臣下

60 낮 12시

①來一 ②正午 ③來日 ④正五 ⑤正來

제 3영역 讀 解

61-63 다음 문장에서 밑줄 친 한자어(漢字語)의
음은 무엇입니까?.

61 우리는 世上에서 살고 있다.

① 고상 ② 이땅 ③ 육지 ④ 세상 ⑤ 현실

62 요즘 우리 사회는 失業이 큰 사회 문제 가운데
하나가 되었다.

① 실업 ② 실수 ③ 휴업 ④ 파업 ⑤ 태업

63 서구화의 영향으로 우리 나라 사람들도 肉食
을 자주하게 되었다.

① 폭식 ② 채식 ③ 육식 ④ 소식 ⑤ 과식

64-68 다음 문장에서 밑줄 친 한자어(漢字語)의 뜻풀
이로 적절한 것은 어느 것입니까?

64 친구가 長文의 편지를 보내 왔다.

① 길게 지은 글

② 짧게 지은 글

③ 아름다운 글

④ 화려한 글

⑤ 논리적인 글

65 고사성어는 由來가 있는 사자성어이다.

① 까닭

② 느끼는 바가 있음

③ 은혜와 공도

④ 해학과 교훈

⑤ 어떤 일이 거쳐온 내력

66 최영 장군은 고려 말기의 武人이다.

① 군사상의 힘

② 글을 짓는 사람

③ 물건을 만드는 사람

④ 무예를 닦는 사람

⑤ 정치를 하는 사람

67 겨울철에는 室內 활동을 많이 하게 된다.

① 방 안

② 특별히 따로 마련된 방

③ 실제로 행함

④ 음식을 먹는 일

⑤ 사람의 몸

68 果實이 열리는 나무를 유실수라고 한다.

① 원인과 결과

② 나무의 싹

③ 나무에 피는 꽃

④ 나무의 잎

⑤ 먹을 수 있는 나무의 열매

69-70 다음 문장에서 빈 칸에 들어갈 가장 적절한
한자어(漢字語)는 어느 것입니까?

69 우리는 조상들이 물려준 문화재를 □□하는
데 힘써야 한다.

①天下 ②保全 ③見學 ④人命 ⑤山林

70 환경 □□를 위해 우리는 청소를 했다.

①東洋 ②原色 ③美化 ④事由 ⑤玉石

모의고사 2

漢字

<u>01-03</u> 다음 한자(漢字)의 부수(部數)는 무엇입니까?

01 魚 : ① 灬 ② 勹 ③ 田 ④ 魚 ⑤ 由

02 兵 : ① 八 ② 斤 ③ 丘 ④ 一 ⑤ 二

03 注 : ① 三 ② 王 ③ 主 ④ 氵 ⑤ 一

<u>04-05</u> 다음 한자(漢字)는 모두 몇 획입니까?

04 果 : ① 4 ② 5 ③ 6 ④ 7 ⑤ 8

05 男 : ① 4 ② 5 ③ 6 ④ 7 ⑤ 8

<u>06</u> 다음 그림에 해당하는 한자는 무엇입니까?

06 ① 江 ② 京 ③ 林 ④ 非 ⑤ 反

<u>07-15</u> 다음 한자(漢字)의 음(音)은 무엇입니까?

07 行 : ① 행 ② 척 ③ 리 ④ 가 ⑤ 광

08 土 : ① 사 ② 성 ③ 지 ④ 항 ⑤ 토

09 川 : ① 수 ② 천 ③ 내 ④ 강 ⑤ 세

10 自 : ① 교 ② 선 ③ 자 ④ 백 ⑤ 목

11 萬 : ① 석 ② 면 ③ 매 ④ 녀 ⑤ 만

12 男 : ① 실 ② 수 ③ 용 ④ 전 ⑤ 남

13 業 : ① 총 ② 업 ③ 파 ④ 입 ⑤ 유

14 靑 : ① 정 ② 청 ③ 창 ④ 장 ⑤ 능

15 都 : ① 담 ② 도 ③ 당 ④ 부 ⑤ 자

<u>16-24</u> 다음 음(音)을 가진 한자는 무엇입니까?

16 과 : ① 東 ② 果 ③ 力 ④ 水 ⑤ 立

17 공 : ① 父 ② 利 ③ 工 ④ 羊 ⑤ 夕

18 우 : ① 牛 ② 車 ③ 女 ④ 文 ⑤ 心

19 주 : ① 法 ② 主 ③ 五 ④ 天 ⑤ 火

20 목 : ① 馬 ② 長 ③ 足 ④ 羊 ⑤ 目

21 건 : ① 建 ② 次 ③ 眞 ④ 季 ⑤ 交

22 초 : ① 肉 ② 因 ③ 色 ④ 南 ⑤ 初

23 충 : ① 草 ② 齒 ③ 料 ④ 充 ⑤ 用

24 결 : ① 考 ② 比 ③ 銀 ④ 要 ⑤ 決

<u>25-32</u> 다음 한자(漢字)의 뜻은 무엇입니까?

25 口 : ① 입 ② 눈 ③ 귀 ④ 코 ⑤ 눈썹

26 手 : ① 발 ② 손 ③ 머리 ④ 얼굴 ⑤ 허리

27 月 : ① 물 ② 해 ③ 산 ④ 달 ⑤ 별

28 王 : ① 신하 ② 왕비 ③ 선비 ④ 부하 ⑤ 임금

29 市 : ① 시장 ② 수건 ③ 마당 ④ 우물 ⑤ 빨래터

30 兄 : ① 삼촌 ② 형 ③ 가족 ④ 동생 ⑤ 이모

31 步 : ① 창 ② 화살 ③ 쉬다 ④ 방패 ⑤ 걸음

32 番 : ① 밭　　② 기후　　③ 차례

　　　④ 병사　　⑤ 계절

51 내각 : ①內角 ②四七 ③言外 ④六則 ⑤來日

52 의사 : ①意氣 ②出師 ③耳士 ④醫師 ⑤失明

33-40 다음의 뜻을 가진 한자(漢字)는 무엇입니까?

33 나무 : ①山 ②木 ③水 ④火 ⑤大

34 눈　 : ①人 ②目 ③老 ④面 ⑤馬

35 저녁 : ①子 ②自 ③夕 ④高 ⑤玉

36 서다 : ①長 ②川 ③田 ④立 ⑤日

37 바깥 : ①能 ②則 ③世 ④西 ⑤外

38 없다 : ①無 ②北 ③季 ④全 ⑤科

39 차례 : ①兵 ②師 ③奉 ④序 ⑤性

40 사이 : ①間 ②究 ③每 ④雲 ⑤醫

제 2영역　　**語 彙**

41-48 다음 한자어(漢字語)의 음(音)은 무엇입니까?

41 女子 : ① 부자 ② 여자 ③ 소녀 ④ 남자 ⑤ 여성

42 大木 : ① 목재 ② 대목 ③ 삼림 ④ 장목 ⑤ 침목

43 日月 : ① 금토 ② 반월 ③ 일출 ④ 일월 ⑤ 명월

44 火山 : ① 화산 ② 수산 ③ 산수 ④ 월산 ⑤ 변산

45 外家 : ① 내외 ② 외가 ③ 귀가 ④ 외숙 ⑤ 외척

46 東西 : ① 동남 ② 남서 ③ 수시 ④ 소수 ⑤ 동서

47 政爭 : ① 전쟁 ② 정정 ③ 추정 ④ 정쟁 ⑤ 전투

48 習俗 : ① 습기 ② 수확 ③ 욕망 ④ 습속 ⑤ 습작

49-52 다음의 음(音)을 가진 한자어(漢字語)는 무엇
입니까?

49 고산 : ①人力 ②大王 ③土山 ④主人 ⑤高山

50 장족 : ①老人 ②長足 ③火田 ④女史 ⑤女人

53-56 다음 한자어(漢字語)의 뜻은 무엇입니까?

53 長子 : 　① 맏아들

　　　② 긴 외투

　　　③ 둘째 아들

　　　④ 어른과 아이

　　　⑤ 효성스러운 아들

54 心身 : 　① 심장

　　　② 병든 몸

　　　③ 마음과 몸

　　　④ 건강한 몸

　　　⑤ 건전한 정신

55 古今 : 　① 옛날과 지금

　　　② 오래된 거문고

　　　③ 옛날이야기

　　　④ 낡고 오래된 집

　　　⑤ 오래전에 사라져 버림

56 平等 : 　① 높지 않은 산

　　　② 사람을 기다림

　　　③ 누구에게나 주어지는 권리

　　　④ 치우침 없이 고르고 한결같음

　　　⑤ 물이 스며들거나 넘치는 것을 막음

57-60 다음의 뜻에 해당하는 한자어(漢字語)는 무엇
입니까?

57 나무로 말의 모양을 깎아 만든 물건

　　①木手 ②大門 ③主人 ④木馬 ⑤玉石

58 주로 실내에서 보고 즐기는 관상용의 자연석

　　①母心 ②水石 ③大老 ④父子 ⑤老母

59 빛이나 광택이 없음

① 名色 ② 有光 ③ 百世 ④ 成市 ⑤ 無光

60 문제의 해답

① 答案 ② 圖畫 ③ 育成 ④ 安養 ⑤ 養育

61-63 **다음 문장에서 밑줄 친 한자어(漢字語)의 음(音)은 어느 것입니까?**

61 할아버지집은 오래된 古家이다.

① 생가 ② 고가 ③ 대가 ④ 호가 ⑤ 구가

62 호영이는 학습 能力이 우수하다는 칭찬을 자주 듣는다.

① 능력 ② 실력 ③ 체력 ④ 달력 ⑤ 수력

63 不法으로 돈을 버는 것은 옳지 않은 행동이다.

① 폭력 ② 비법 ③ 합법 ④ 적법 ⑤ 불법

64-68 **다음 문장에서 밑줄 친 한자어(漢字語)의 뜻풀이로 적절한 것은 어느 것입니까?**

64 친구 호섭이가 등교 길에 事故를 당했다.

① 길을 떠남

② 따로 엮어 만든 책

③ 뜻밖에 일어난 사건

④ 내용이 알차고 단단함

⑤ 뜻밖의 횡재

65 수력 발전은 물이 떨어지는 높이의 차를 利用하여 전기를 일으킨다.

① 씩씩하고 굳센 기운

② 갔다가 돌아옴

③ 향하거나 나아가는 쪽

④ 새로 생각해 내거나 만들어 냄

⑤ 이롭게 쓰거나 쓸모 있게 씀

66 여행은 見聞을 넓힐 수 있는 좋은 기회가 된다.

① 보고 들음

② 글을 지음, 또는 그 글

③ 일이 없음

④ 분명하고 뚜렷함

⑤ 실제의 업무

67 曲線 차도에서는 속도를 낮추어야 한다.

① 전기가 통하는 금속선

② 좁은 길

③ 곧게 뻗은 길

④ 굽은 선

⑤ 첫머리

68 過去의 실수는 반복하지 않아야 한다.

① 잘못이나 허물

② 아직 오지 않은 때

③ 지나간 때

④ 더할 수 없이 큼

⑤ 변명할 자료

69-70 **다음 문장에서 빈 칸에 들어갈 가장 적절한 한자어(漢字語)는 어느 것입니까?**

69 □□ 시간에 한국의 가곡을 배웠다.

① 國王 ② 江山 ③ 音樂 ④ 君子 ⑤ 先祖

70 우리 삼촌은 □□운전자이다.

① 風俗 ② 野生 ③ 決定 ④ 失神 ⑤ 初步

p32 연습문제 1

01 ①	02 ②	03 ⑤	04 ③	05 ①	06 ②	07 ②	08 ④	09 ③	10 ⑤
11 ⑤	12 ④	13 ③	14 ③	15 ②	16 ④	17 ④	18 ①	19 ③	20 ①
21 ①	22 ③	23 ②	24 ③	25 ①	26 ②	27 ①	28 ①	29 ②	30 ⑤
31 ①	32 ③	33 ④	34 ⑤	35 ④	36 ①	37 ③	38 ④	39 ①	40 ⑤
41 ③	42 ⑤	43 ①	44 ②	45 ⑤					

p44 연습문제 2

01 ③	02 ②	03 ④	04 ①	05 ③	06 ⑤	07 ②	08 ①	09 ③	10 ⑤
11 ⑤	12 ③	13 ④	14 ②	15 ③	16 ①	17 ⑤	18 ⑤	19 ④	20 ⑤
21 ③	22 ②	23 ⑤	24 ①	25 ①	26 ③	27 ①	28 ⑤	29 ④	30 ④
31 ④	32 ⑤	33 ④	34 ⑤	35 ③	36 ①	37 ④	38 ①	39 ⑤	40 ②
41 ④	42 ②	43 ④	44 ④	45 ⑤					

p56 연습문제 3

01 ④	02 ③	03 ③	04 ⑤	05 ③	06 ⑤	07 ①	08 ③	09 ②	10 ②
11 ①	12 ②	13 ①	14 ④	15 ⑤	16 ①	17 ⑤	18 ③	19 ④	20 ②
21 ⑤	22 ②	23 ①	24 ②	25 ①	26 ⑤	27 ③	28 ④	29 ④	30 ④
31 ⑤	32 ③	33 ②	34 ⑤	35 ①	36 ②	37 ⑤	38 ①	39 ③	40 ④
41 ②	42 ②	43 ⑤	44 ②	45 ⑤					

p68 연습문제 4

01 ⑤	02 ②	03 ②	04 ④	05 ①	06 ③	07 ⑤	08 ③	09 ③	10 ⑤
11 ②	12 ⑤	13 ③	14 ④	15 ②	16 ②	17 ⑤	18 ③	19 ①	20 ④
21 ③	22 ④	23 ①	24 ⑤	25 ②	26 ①	27 ①	28 ④	29 ④	30 ③
31 ⑤	32 ①	33 ④	34 ③	35 ③	36 ⑤	37 ①	38 ④	39 ④	40 ③
41 ③	42 ②	43 ⑤	44 ②	45 ①					

p80 연습문제 5

01 ⑤	02 ②	03 ④	04 ②	05 ⑤	06 ⑤	07 ②	08 ①	09 ③	10 ⑤
11 ③	12 ②	13 ⑤	14 ③	15 ②	16 ③	17 ①	18 ③	19 ⑤	20 ②
21 ①	22 ⑤	23 ②	24 ①	25 ⑤	26 ①	27 ①	28 ④	29 ④	30 ⑤
31 ⑤	32 ②	33 ④	34 ②	35 ①	36 ④	37 ③	38 ⑤	39 ④	40 ④
41 ②	42 ④	43 ③	44 ⑤	45 ④					

p92 연습문제 6

01 ④	02 ①	03 ⑤	04 ①	05 ③	06 ③	07 ③	08 ⑤	09 ②	10 ②
11 ④	12 ②	13 ①	14 ⑤	15 ③	16 ③	17 ③	18 ②	19 ②	20 ④
21 ④	22 ④	23 ④	24 ⑤	25 ①	26 ③	27 ④	28 ①	29 ④	30 ③
31 ③	32 ④	33 ②	34 ③	35 ④	36 ④	37 ①	38 ③	39 ⑤	40 ③
41 ⑤	42 ④	43 ①	44 ②	45 ②					

p104 연습문제 7

01 ③	02 ⑤	03 ①	04 ③	05 ③	06 ④	07 ⑤	08 ④	09 ③	10 ⑤
11 ③	12 ①	13 ⑤	14 ④	15 ④	16 ①	17 ③	18 ④	19 ①	20 ③
21 ②	22 ②	23 ③	24 ④	25 ④	26 ①	27 ②	28 ③	29 ⑤	30 ③
31 ③	32 ①	33 ③	34 ④	35 ②	36 ⑤	37 ②	38 ④	39 ①	40 ④
41 ②	42 ①	43 ⑤	44 ②	45 ①					

p111 연습문제 8

01 ④	02 ④	03 ②	04 ⑤	05 ④	06 ⑤	07 ①	08 ①	09 ②	10 ①
11 ②	12 ④	13 ⑤	14 ④	15 ①	16 ③	17 ②	18 ⑤	19 ②	20 ④
21 ②	22 ③	23 ④							

p114 기출문제 1

01 ③	02 ①	03 ⑤	04 ②	05 ③	06 ⑤	07 ①	08 ⑤	09 ③	10 ③
11 ①	12 ②	13 ④	14 ③	15 ①	16 ③	17 ④	18 ①	19 ②	20 ⑤
21 ③	22 ①	23 ④	24 ⑤	25 ②	26 ①	27 ④	28 ⑤	29 ②	30 ③
31 ④	32 ⑤	33 ③	34 ②	35 ⑤	36 ④	37 ②	38 ④	39 ②	40 ③
41 ①	42 ④	43 ②	44 ③	45 ②	46 ③	47 ①	48 ②	49 ③	50 ④
51 ①	52 ④	53 ②	54 ⑤	55 ①	56 ②	57 ③	58 ⑤	59 ①	60 ②
61 ④	62 ①	63 ③	64 ①	65 ⑤	66 ④	67 ①	68 ⑤	69 ②	70 ③

p117 기출문제 2

01 ④	02 ①	03 ④	04 ⑤	05 ④	06 ③	07 ①	08 ⑤	09 ②	10 ③
11 ⑤	12 ⑤	13 ②	14 ②	15 ②	16 ②	17 ③	18 ①	19 ②	20 ⑤
21 ①	22 ⑤	23 ④	24 ⑤	25 ①	26 ②	27 ④	28 ⑤	29 ①	30 ②
31 ⑤	32 ③	33 ②	34 ②	35 ③	36 ④	37 ⑤	38 ①	39 ④	40 ①
41 ②	42 ②	43 ④	44 ①	45 ②	46 ⑤	47 ④	48 ④	49 ⑤	50 ②
51 ①	52 ④	53 ①	54 ③	55 ①	56 ④	57 ④	58 ②	59 ⑤	60 ①
61 ②	62 ①	63 ⑤	64 ③	65 ⑤	66 ①	67 ④	68 ③	69 ③	70 ⑤

교육교재팀 저 | 9,500원

일사천리 상공회의소
한자시험 6급 기본서

이 책은 상공회의소 한자시험 6급에 대비하기 위하여 6급 배정한자 450자를 쓰면서
외울 수 있도록 구성하였으며, 각 한자에 대한 훈·음, 부수, 획수, 필순을 명기하고,
한자의 이해를 돕는 뜻풀이를 정리해 두었다. 그리고 해당 한자를 사용한 한자어를
채우며 완성할 수 있도록 하였으며, 50자마다 연습문제를 삽입하여 앞에서 배운 것을
복습할 수 있도록 하였다. 앞에는 기초 이론 학습과 뒤에는 모의고사문제를 실어 이
책 한권으로도 6급 시험에 완벽하게 대비할 수 있도록 하였다.

강유경 저 | 19,800원

일사천리 상공회의소
한자시험 2급 기본서

이 책에는 4급~2급까지의 배정한자가 실어있다. 이 책의 가장 큰 장점은 각 한자의
훈, 음은 물론 한자어를 이루는 다른 한자의 훈, 음까지 보여주어 자전이 필요하지 않
다는 것이다. 앞에 나왔던 한자나 모르는 한자가 나왔을 경우 자전을 찾아야 하는 불
편함을 해결하여 상공회의소 급수 시험을 완벽하게 대비할 수 있다.

강유경 저 | 21,000원

일사천리 상공회의소
한자시험 1급 기본서

이 책은 상공회의소 한자시험 1급에 대비하기 위한 책이다. 100자씩
학습할 때마다 총 정리를 할 수 있는 연습문제 32회와 모의고사 2회
를 수록하였다.
이 책의 가장 큰 장점은 각 한자의 훈, 음은 물론 한자어를 이루는 다
른 한자의 훈, 음까지 보여주어 자전이 필요하지 않다는 것이다. 앞에
나왔던 한자나 모르는 한자가 나왔을 경우 자전을 찾아야 하는 불편
함을 해결하였다.

강유경 저 | 18,000원

일사천리 상공회의소
한자시험 3급 기본서

이 책은 각 급별로 한자를 분류하고, 출제 비중이 높은 영역을 유형별로 정리하여, 문제 유형에 걸맞은 학습 요소를 집중적으로 학습하도록 구성하였다. 또한 각 페이지마다 배운 한자를 외워서 써 볼 수 있도록 하였고, 배운 한자어로 문장을 완성하도록 하였으며, 24자 학습 후에는 실력을 점검할 수 있도록 연습문제를 배치하여 복습에 만전을 기하였다.

그리고 각 해당 한자의 훈·음은 물론 해당 한자의 학습을 돕기 위해 제시한 모든 한자어의 한자에도 훈·음을 보여주는 구성으로 사전 없이 이 책 한권으로 시험에 완벽하게 대비할 수 있도록 하였다.

강유경 저 | 12,000원

일사천리 상공회의소
한자시험 실전모의고사 3급

부록으로 한자의 기초 이론과 성실한 해설을 담은 해설집이 준비되어 있다.

상공회의소 한자 검정시험의 문제 유형을 그대로 적용하여 실전 연습이 가능하도록 하였으며, 부록으로 준비된 해설집에는 문제집에 사용된 모든 한자의 훈과 음을 표시하여 일일이 사전을 찾지 않아도 편하게 학습할 수 있도록 구성하였다.